ABC des guten Lebens

Ursula Knecht, Caroline Krüger, Dorothee Markert,
Michaela Moser, Anne-Claire Mulder, Ina Praetorius,
Cornelia Roth, Antje Schrupp, Andrea Trenkwalder-Egger

ABC
des guten Lebens

Christel
Göttert
Verlag

3. Auflage 2015 (1. Auflage 2012)
Titel: Christine Traiser, Darmstadt
Satz: Kerstin Weber, Nauheim

© Christel Göttert Verlag
Keplerring 13, D-65428 Rüsselsheim
www.christel-goettert-verlag.de

ISBN 978-3-939623-40-3

Aufräumen
im postpatriarchalen Durcheinander

Einleitung 2012

Wer aufmerksam durch die Welt geht, stellt zuweilen fest, dass die Wörter nicht auf die Wirklichkeiten passen: Erzieht zum Beispiel die Frau, die ich als »alleinerziehende Mutter« bezeichne, ihre Kinder tatsächlich allein? Ist die tansanische Kleinbäuerin, die der chinesische Agrarexperte »zurückgeblieben« nennt, womöglich klüger als er? Hat die »Arbeitslose«, die in ihrem Garten Gemüse anbaut, keine Arbeit? Ist das Geschlecht, das viele noch immer gewohnheitsmäßig das »schwache« oder das »schöne« nennen, wirklich schwach und schön? Im Prinzip besteht dieses Problem, dass Wörter die Wirklichkeit nicht abbilden, wie sie ist, sondern ein bestimmtes, manchmal fragwürdiges Bild von ihr vermitteln, immer. Denn die Wirklichkeit ist nie mit den Wörtern und Sätzen identisch, mit denen Menschen sie bezeichnen. Ich kann meine Nachbarin als Flüchtling, Muslimin, Steuerhinterzieherin, Freundin, Mutter, Afghanin oder Erwerbslose bezeichnen. Jeder

Name bezieht sich auf einen bestimmten Aspekt dieser unverwechselbaren Person, aber keiner umfasst die ganze. Indem ich bestimmte Wörter gebrauche, kann ich Personen oder Situationen auf bestimmte Eigenschaften oder Funktionen festlegen, sie auf- oder abwerten und damit Macht ausüben, fruchtbare Beziehungen ermöglichen oder sonstwie Welt verändern. Weil Sprache die Wirklichkeit niemals eins zu eins abbildet, kann sie zu unterschiedlichen Zwecken benutzt werden: Sie kann gutes Leben fördern oder hindern.

Das Problem wird noch brisanter, wenn ich mir klar mache, dass Wörter nicht isoliert voneinander existieren, sondern in ihren Verknüpfungen miteinander und mit den Dingen das bilden, was wir in diesem Buch »symbolische Ordnungen« nennen. Menschen brauchen solche Ordnungen, um sich in der Welt orientieren und sich miteinander verständigen zu können. Aber sie sind auch fähig, sie zu verändern, wenn sie sich als lebenshindernd oder gar zerstörerisch erweisen. Sprache wandelt sich ohnehin ständig, und sie kann auch bewusst gestaltet werden. Um die lebensförderliche Gestaltung von Sprache und damit die Gestaltung der Welt geht es in diesem Buch.

Die vergehende Ordnung Patriarchat

Im Jahr 1996 ist in Italien ein Buch mit dem Titel »Es ist passiert – nicht aus Zufall« erschienen. Die Autorinnen stellen die Idee zur Diskussion, dass das Patriarchat zu Ende ist. Spätestens seither sind immer mehr Menschen, Frauen und Männer, davon überzeugt, dass wir in einer Übergangzeit leben: in der Zeit des ausgehenden Patriarchats. Eine bestimmte symbolische Ordnung, die viele Jahrhunderte lang die Weltwahrnehmung und die Lebenswirklichkeit großer Teile der Menschheit so stark bestimmt hat, dass man sie oft mit der Wirklichkeit selbst verwechselt hat, ist jetzt in Auflösung begriffen.

Diese heute vergehende Ordnung wurde, soweit wir wissen, zum ersten Mal in der klassischen griechischen Antike, also im Athen des vierten vorchristlichen Jahrhunderts, systematisch auf den Begriff gebracht. Sie lässt die Welt als statisch zweigeteilt in »höhere« und »niedere« Sphären erscheinen. Ein Zitat aus der »Politik« des Aristoteles verdeutlicht, wie man die patriarchale Ordnung damals allmählich aus Begriffspaaren zusammengesetzt hat, die jeweils aus einer höheren, kontrollberechtigten und einer niedrigen, beherrschten Position bestehen und sich gegenseitig definieren, bestätigen und stabilisieren: »Denn die Seele regiert über den Körper in der Weise eines Herrn und der Geist über das Streben in der Weise eines Staatsmannes oder Fürsten. Daraus wird klar, dass es für den Körper zuträglich ist, von der Seele beherrscht zu werden … Desgleichen ist das Verhältnis des Männlichen zum Weiblichen von Natur so, dass das eine besser, das andere geringer ist, und das eine regiert und das andere regiert wird … Die Wissenschaft des Herrn ist … diejenige, die die Sklaven zu verwenden weiß. Denn der Herr zeigt sich … im Verwenden von Sklaven … und die Herren selbst treiben Politik oder Philosophie.« (Aristoteles: Politik, übersetzt und herausgegeben von Olof Gigon, München 1973, 53, 56)

Der Körper verhält sich demnach zur Seele wie das Weibliche zum Männlichen, das Geringere zum Besseren, das Regiertwerden zum Regieren, der Sklave zum Herrn, und das »Verwendetwerden« zur Politik und zur Philosophie. Schon in der Weltkonstruktion des Aristoteles selbst und dann im Verlauf der folgenden Jahrhunderte schließen sich an diese hierarchische Grundstruktur weitere begriffliche Ehepaare an: Die menschliche Kultur gerät in eine Dominanzposition gegenüber der Natur, Praxis erscheint als gehorsame Ausführung von Theorie, der Okzident wird dem Orient übergeordnet, der Staat der Familie, der Markt dem Haushalt, die Freiheit der Bedürftigkeit. Gott schließlich wird im mittelalterlichen Christentum, das sich stark auf die aristotelische Weltkonstruktion stützte, als absolutes höheres ungebundenes Prinzip, gleichzeitig als »Herr Gott«, »Schöpfer« und »Vater«, also als Garant und Kontrolleur, an die Spitze des Ganzen gesetzt.

Mit der europäischen Aufklärung wird zwar der Herrgott entthront und durch Begriffe wie »Vernunft«, »Wissenschaft«, »Objektivität«, neuerdings »Markt« und »Geld« ersetzt. Die statische Zweiteilung als solche und die Verknüpfung des »Höheren« mit Männlichkeit, Geist und Freiheit, des »Niedrigen« mit Weiblichkeit, Körperlichkeit und Abhängigkeit bleibt aber vorerst erhalten und wirkt sich bis heute vielfältig auf das menschliche Zusammenleben aus.

Postpatriarchales Denken

In der Zeit des ausgehenden Patriarchats erkennen nun immer mehr Menschen, dass die Welt nicht notwendigerweise so benannt werden muss, wie die statisch zweigeteilte Ordnung es vorschreibt. Gleichzeitig erkennen wir, dass eine bessere Ordnung nicht von selbst entsteht. Zunächst löst der Zusammenbruch alter Scheingewissheiten eine Art Schwindelgefühl aus, denn im postpatriarchalen Durcheinander wissen wir zunächst buchstäblich nicht mehr, was oben und was unten ist: Dominieren jetzt Gefühle die Vernunft? Bilden Geld und Profit endlich nicht mehr das Zentrum allen Wirtschaftens und das Ziel aller Wünsche? Worum konzentriert sich das Zusammenleben neu, wenn die Marktlogik nicht mehr alles bestimmt? Um den Haushalt oder den Staat oder eine Art Gemeinwesen, das noch keinen Namen hat? Was gilt noch als Arbeit, was als Freizeit, wer wird wie wofür bezahlt? Wie sollen wir inmitten des Trümmerfelds, das der Zusammenbruch der begrifflichen Ehepaarstruktur hinterlassen hat, sagen, was und wie etwas ist? Wie bringen wir neue Ordnung in die durcheinanderwirbelnden Begriffe?

Auch die scheinbar vertrauten großen Wörter der widerständigen Traditionen, aus denen wir Autorinnen kommen – »Die Linke«, »Globalisierungskritik«, »Gleichberechtigung«, »Befreiung«, »Solidarität«, »Gerechtigkeit, Frieden, Bewahrung der Schöpfung« und so weiter – geraten in Verdacht, von der zweigeteilten Ordnung infiziert und daher nicht für die Gestaltung der postpatriarchalen Welt geeignet zu sein. Dies ist ein wesentlicher Grund dafür, dass solche Wörter, die einige unserer Leserinnen und Leser hier vielleicht erwarten, in diesem Buch nur am Rande oder gar nicht vorkommen.

Für die politische oder kulturelle Arbeit, die jetzt zu tun ist, haben die Denkerinnen, die zuerst vom Ende des Patriarchats gesprochen haben, ein Wort erfunden: Sie nennen es die »Arbeit am Symbolischen«. Wir, die Autorinnen dieses Buches, sprechen auch von »postpatriarchalem Denken«. Gemeint ist mit beiden Begriffen, dass wir die feministische Kritik an der zweigeteilten symbolischen Ordnung aufnehmen, dass wir dann aber nicht bei ihr stehen bleiben, sondern sie konstruktiv und erfinderisch weiterführen, indem wir anfangen, die Welt neu zu ordnen. So rücken Wut und Klage über unseren Status als Opfer und

Diskriminierte allmählich an den Rand. In die Mitte rückt die Verant-
wortung für ein neu gestaltetes gutes Leben für alle sieben Milliarden
Würdeträgerinnen und Würdeträger auf dem verletzlichen Planeten
Erde.

Ein Durcheinander aus Geschichten ...

Die neun Frauen, die dieses Buch zusammen geschrieben haben, sind
schon seit vielen Jahren mit der postpatriarchalen Arbeit am Symbolischen unterwegs, als einzelne und gemeinsam, in immer wieder
neuen Projekten. Wir haben uns bis heute nicht als Verein organisiert,
treffen uns aber immer wieder in wechselnden Zusammensetzungen
zu gemeinsamen Wochenenden, Tagungen oder Aktionen.

Schon unter verschiedenen Namen waren und sind wir in der Öffentlichkeit präsent: zum Beispiel als »Ethik im Feminismus«, »Weiber-
wirtschaft« oder »beziehungsweise weiterdenken«. Viele Texte haben
wir schon veröffentlicht. Seit unserem ersten postpatriarchalen Sym-

posium, das im Sommer 2002 in Salzburg stattgefunden hat, sind wir als Mailingliste »Gutesleben« unterwegs, und seit einigen Jahren experimentieren wir mit den Möglichkeiten der sozialen Netzwerke im Internet. Auch dieses Buch haben wir zusätzlich zur Druckfassung im Internet veröffentlicht, um so ein ungehindertes gemeinsames Weiterschreiben mit all denen zu ermöglichen, die sich dem postpatriarchalen Denken anschließen und an ihm mitwirken wollen.

... und ein Zwischenergebnis

Auf unserem gemeinsamen Weg hat sich inzwischen eine Begrifflichkeit entwickelt, die der Anfang für eine neue Ordnung sein könnte. Dieses gemeinsame Vokabular stellen wir in diesem Buch zur Diskussion. Je länger wir miteinander die Welt besprechen und gestalten, desto deutlicher zeigt sich nämlich, welche Wörter wir nicht mehr brauchen, welche an den Rand und welche ins Zentrum rücken. Es sind auch schon neue Wörter entstanden, zum Beispiel »Geburtlichkeit«, »Wirtinschaft«, »Scheißologie« oder »intervitales Gespräch«.

Manchmal löst eine neue Kombination vertrauter Wörter ein Benennungsproblem, zum Beispiel wenn wir von »politischer Liebe« oder »Freiheit in Bezogenheit« sprechen. In immer neuen Anläufen haben wir also die symbolische Ordnung Schritt für Schritt schon so auf- und neu eingeräumt, dass sie auf die Wirklichkeiten, in denen wir uns vorfinden, besser passt.

Wir haben dieses Zwischenergebnis der postpatriarchalen Neubenennungsarbeit in die Form des Alphabets gefasst. Das hat den Vorteil, dass wir unsere Leserinnen und Leser nicht auf eine bestimmte Systematik festlegen, sondern es ihnen ermöglichen, irgendwo im Buch mit dem Lesen zu beginnen, sich von einzelnen Wörtern anziehen, andere zunächst liegen zu lassen. Es hat den Nachteil, dass sich Überschneidungen und Wiederholungen nicht ganz vermeiden ließen. Im Internet gibt es zu jedem Artikel ein eigenes Kommentarfeld, in dem die Arbeit am Begriff weitergeführt, Querverbindungen hergestellt und neue Wörter vorgeschlagen werden können.

Die grundlegende Tatsache, dass Wörter und Wirklichkeiten sich voneinander unterscheiden, werden auch wir nicht aus der Welt schaffen. Aber wir glauben, dass viel gutes Leben weltweit in Bewegung gesetzt werden kann, wenn wir die Beziehungen zwischen der Wirklichkeit und der symbolischen Ordnung schöpferisch neu gestalten.

Im postpatriarchalen Durch/Einander entsteht neue Ordnung

Einleitung zur Neuauflage 2015

Das »ABC des guten Lebens« ist im Jahr 2012 erschienen. 2013 wurde es neu aufgelegt. Jetzt, im Herbst 2015, ist es wieder ausverkauft.

Wir Autorinnen waren mit dem Buch an vielen Orten unterwegs: in Frauengruppen und Parteiversammlungen, in Labyrinthen und Kirchengemeinden, in Universitäten, Blogs, auf Social Media Plattformen, bei Familienfesten und zufälligen Begegnungen ... Überall löst unsere Praxis, Wörter und Wirklichkeiten neu zueinander in Beziehung zu setzen, lebhafte Gespräche und Umdenkprozesse aus. Was das ABC seit seinem ersten Erscheinen tatsächlich alles bewirkt hat, können wir aber nur bruchstückhaft wissen. Zwar erreichen uns oft schriftliche oder mündliche Reaktionen, in denen Leserinnen und Leser Zustimmung, Kritik oder Anregungen formulieren. Manchmal hören wir von Leuten, deren Lebenseinstellung sich durch das ABC verändert hat. Aber letztlich können wir nur ahnen, wo und wie das ABC wirkt. Wir freuen uns, wenn ihr uns schreibt oder auf der ABC-Webseite Kommentare veröffentlicht, damit das postpatriarchale Denken immer neue Nahrung bekommt: www.abcdesgutenlebens.de

Utrecht, im September 2015

Zum Weiterlesen:

Libreria delle donne di Milano: Das Patriarchat ist zu Ende. Es ist passiert – nicht aus Zufall. Il patriarcato è finito. E' accaduto non per caso, Rüsselsheim 1996

Michaela Moser, Ina Praetorius (Hg.innen): Welt gestalten im ausgehenden Patriarchat, Königstein/Ts. 2003

Erklärte Begriffe im ABC

Abhängigkeit

Anfangen

Aufräumen

Autorität

Bedürftigkeit

Begehren

Bezogenheit

Care

Dankbarkeit

Daseinskompetenz

Dazwischen

Differenz

Durcheinander

Essen

Freiheit

Fülle

Gabe

Geburt/Geburtlichkeit

Geistesgegenwärtig sein

Genug

Genuss

Haushalt

Innehalten

Intervitale Gespräche

Ja sagen

Körper

Konflikt

Liebe

Matrix

Das Negative

Notwendigkeit

Orte

Praxis

Qualität

Räume

Scheiße

Schönheit

Sowohl als auch

Sprache

Staunen

Tätig sein

Tausch

Das Unverfügbare

Unvorhersehbares

Verhandeln

Vermitteln

Von sich selbst ausgehen

Welt

Wirtinschaft

WürdeträgerIn

Zugehörigkeit

Abhängigkeit

Abhängigkeit ist eine Grundbedingung des Menschseins. Wir können sie ebenso wenig ablehnen, wie wir die Auswirkungen der Schwerkraft ablehnen können.

Menschen sind abhängig von Wasser, Luft, Nahrung und damit von der Erde, von anderen Menschen, die Dinge hergestellt haben, die sie brauchen, und von Menschen, auf deren Fürsorge sie angewiesen sind. In der alten symbolischen Ordnung gilt die Abhängigkeit als etwas, das überwunden werden kann und sollte. Da die Abhängigkeit dort negativ bewertet wird, gibt es eine Tendenz, sie an bestimmte Gruppen zu delegieren: an Arme, Kranke, Kinder oder ganz allgemein an »Fürsorge-Abhängige«. Durch diese Zuweisung entledigen sich die »normalen« Menschen, die gesunden, kräftigen, jungen, zumindest zeitweise der Aufgabe, sich mit der eigenen Abhängigkeit auseinanderzusetzen. Da die Menschen aber alle aufgrund ihrer **Gebürtigkeit** von Anfang an abhängig sind und ohne die Fürsorge anderer niemals gesund und kräftig hätten werden können, kann diese Abgrenzung nur eine Verdrängung sein.

Das Verständnis von Abhängigkeit und Notwendigkeit als Gegensatz zu **Freiheit** findet sich schon in der Antike, zum Beispiel in der *Metaphysik* des Aristoteles. Abhängigkeit ist aber kein Gegensatz zu Freiheit; vielmehr gibt es beide nur in Beziehung zueinander.

Abhängigkeiten sind in ihren unterschiedlichen konkreten Erscheinungsformen gestaltbar und bewertbar. So ist es zum Beispiel möglich, die Abhängigkeit von einem versorgenden Ehepartner oder einer Ehepartnerin der Abhängigkeit von einer Arbeitsstelle, also der Lohnabhängigkeit, oder der vom Staat vorzuziehen – und umgekehrt. Der Notwendigkeit grundsätzlich zu entkommen und Freiheit im Sinne von Un-Abhängigkeit zu erreichen, ist aber nicht möglich.

Wenn nicht zwischen Freiheit und Abhängigkeit, sondern zwischen verschiedenen *Formen* von Abhängigkeit unterschieden wird, werden auch ihre positiven Aspekte sichtbar. So bieten zum Beispiel gelingende Beziehungen eine **Fülle** von Beispielen positiver Abhängigkeiten: Ohne die Fürsorge anderer Menschen wären wir heute gar nicht am Leben, wir wären verhungert, verdurstet, verkümmert.

Selbstverständlich gibt es auch Abhängigkeiten, die unerträglich erscheinen, die in Erniedrigung und Unterdrückung münden. Diese

Abhängigkeiten zu überwinden und die als fruchtbar empfundenen Abhängigkeiten zu pflegen, ist eine wichtige Aufgabe, um gutes Leben zu gestalten.

Abhängigkeit als Grundbedingung des Menschseins zu denken und nicht als zu überwindende Schwäche, ermöglicht einen neuen Blick auf scheinbar bekannte Phänomene. Ein leistungsunabhängiges Grundeinkommen zum Beispiel könnte auf politischer Ebene ein Schritt sein, diese Abhängigkeit aller von allen nicht mehr zu verbergen, sondern vielmehr zu akzeptieren und sichtbar zu machen. Auch auf sprachlicher Ebene können Anregungen zum Umdenken gegeben werden: Was passiert, wenn wir »Sozialhilfenehmerin« statt »Sozialhilfeempfänger« sagen? Abhängigkeit kann in einer neuen symbolischen Ordnung vom Stigma zum Paradigma werden.

Zum Weiterlesen:

Caroline Krüger, Ursula Knecht: Wir sind alle Fürsorge abhängig (http://www.bzw-weiterdenken.de/2009/08/wir-sind-alle-fursorge-abhangig/).

Zita Küng, Ursula Knecht: Neu-Gier auf Grundeinkommen (http://www.nsw-rse.ch/images/stories/projekte/forum/pdf/15_bericht_forum_12062009.pdf).

Anfangen

Anfangen ist möglich, weil etwas da ist: die eigene Sehnsucht, das **Begehren**. Wer sich von dem anspornen lässt, was ihm oder ihr am Herzen liegt, braucht keine Zielvorgabe, keinen messbaren Erfolg und keine Strategie. Das Gute ist: So kann man einen Weg gehen, auf dem sich immer ein nächster Schritt auftut, der einen Wert für sich hat. Kein Schritt dient nur als Mittel zum Zweck.

Einen Anfang setzen kann ich zum Beispiel, indem ich spielerisch etwas ausprobiere. Und mich dabei dem Ungewissen und **Unvorhersehbaren** aussetze. So als säße ich vor einem zugedeckten Kartenspiel, und jede Karte würde erst in dem Moment beschrieben, in dem ich sie umdrehe. Auf diese Weise ist **Raum** für Neues, für etwas, das ich noch gar nicht denken kann. Und für das vermeintlich »Unrealistische«, das einen Durchgang findet durch die schnurrenden Kreisel von immer mehr Desselben, von den festgefügten Vorstellungen davon, wie die Welt funktioniere und sei. Eine Einzelne, ein Einzelner fängt einfach an – mit etwas Mut.

Menschen sind als Anfängerinnen und Anfänger **geboren** und damit zum Anfangen begabt. Kleine Kinder lernen, angetrieben von Lust, Neugier, **Staunen** und Vertrauen, das Laufen, während sie es schon tun – hinfallen und wieder aufstehen inbegriffen. So ist Anfangen möglich. Aber es hilft sehr, ja es ist nötig, sich dabei jemandem anzuvertrauen, die mal anspornt, mal warnt, mal tröstet, die **Autorität** hat. Anfangen bedeutet, einen neuen Faden in ein Gewebe zu knüpfen, das trägt und nährt: geschaffen von den Eltern und Vorfahren, der menschlichen Gemeinschaft und allem Lebendigen der Erde, der eigenen, einzigartigen **Matrix**. Und das kann jeden Tag geschehen. Jeden Tag kann das Anfangen neu anfangen.

Zum Weiterlesen:

Ina Praetorius: Immer wieder Anfang. Texte zum geburtlichen Denken, Ostfildern 2011.

Antje Schrupp: »Weibliches Begehren und die Stärke des Neuanfangs«, in: Dies.: Was wäre wenn?, Königstein 2009.

Luisa Muraro: »Über die Schwierigkeiten, einen Anfang zu machen«, in: Dies.: Die symbolische Ordnung der Mutter, Rüsselsheim 2006.

Hans-Peter Dürr/Marianne Oesterreicher: Wir erleben mehr, als wir begreifen, Freiburg 2005.

Sharon Welch: A Feminist Ethic of Risk, Minneapolis 1999.

Aufräumen

Aufräumen ist eine **Notwendigkeit**, um eine sinnvolle Ordnung (wieder) herzustellen. Eine Ordnung ist dann sinnvoll, wenn sie dazu dient, grundlegende menschliche Bedürfnisse zu befriedigen und Freiräume zu eröffnen.

Als lebendige, körperliche Organismen verändern wir uns ständig. Wir unterhalten unterschiedliche Beziehungen zur Umwelt und zu anderen Menschen, indem wir aufnehmen, verdauen und ausscheiden, sexuell aktiv sind, gebären und sterben, arbeiten, herstellen und handeln. Bei all diesen Aktivitäten wird auch fast immer Überflüssiges produziert, daher sind wir gefordert, regelmäßig **innezuhalten** und aufzuräumen.

Probleme beim Aufräumen ergeben sich, wenn zu viele Dinge auf zu wenig Platz angehäuft sind. Die Begrenztheit des **Raumes** und die eigene Begrenztheit zu begreifen, sind wesentliche Voraussetzungen für den Akt des Aufräumens.

Ein weiteres Problemfeld beim Aufräumen entsteht durch Objekte, die »unentscheidbar« sind, wie etwa noch nicht ganz schmutzige Wäsche oder halb reparierte Fahrräder, noch nicht ganz gelesene Artikel, halb fertiggestellte Pullover und so weiter. Diese unentscheidbaren Objekte weisen darauf hin, dass die bestehende Ordnung unzulänglich ist und neu überdacht werden muss. Jede Ordnung ist in diesem Sinne unvollkommen, denn es gibt immer etwas Unentscheidbares.

Aufräumen bedeutet, ein eigenes Ordnungssystem zu schaffen oder sich zu einer bestimmten Ordnung zu bekennen, eine vorläufige Hierarchie anzuerkennen. Deshalb ist die Metapher des Aufräumens im politischen Diskurs gefährlich, weil sie benutzt werden kann, um Macht und ungerechte Verhältnisse zu legitimieren oder herzustellen. Populistische Politiker und Politikerinnen verwenden gern das Bild des Aufräumens, weil sie damit oft breite Zustimmung finden.

Denn Aufräumen wird von vielen Menschen als etwas Sinnvolles und Notwendiges wahrgenommen. Doch es ist wichtig zu fragen, an welcher Ordnung sich dabei orientiert wird. Was und wer wird als das Überflüssige, der Schmutz oder die **Scheiße** verstanden? Sind es gar Menschen, die als Parasiten gelten? Dient das Bild des Aufräumens dazu, menschenrechtswidrige Praktiken zu legitimieren, wie das Abschieben von Asylsuchenden in Länder, in denen ihr Leben bedroht ist, oder Einschränkungen der Meinungs- und Pressefreiheit? Hat das Aufräumen den Zweck, Herrschaftsstrukturen zu festigen? Oder schafft es im Gegenteil Platz für **Freiheit** und für das **Unvorhersehbare**?

Patriarchale Strukturen lassen kaum Raum für das **Dazwischen**, in ihnen dominiert meistens das Starre, Machtstabilisierende. Solche Strukturen erscheinen dann wie ein Zimmer, das unbenutzbar ist, weil in seiner Mitte ein großer Schrank steht, der die Sicht versperrt und vollgestopft ist mit Gesetzbüchern, Heiligen Schriften, Altären, Fahnen, Papstbildern und Politikerporträts, Geldscheinen und Kisten mit sonstigem einheitsstiftendem Krimskrams.

Postpatriarchales Aufräumen bedeutet nicht, alles Alte gleich in den Müll zu geben. Es bedeutet, den Dingen ihren rechten Platz zuzuweisen, zum Beispiel den Schrank aus der Zimmermitte weg an die Wand zu rücken. Ins Zentrum kommt stattdessen ein Tisch, an dem Begegnung stattfindet. Hier wird gegessen, gespielt, geredet, hier findet das Leben statt. Bei Bedarf kann aber etwas Brauchbares oder auch Kurioses, das uns die Vorfahren und Vorfahrinnen hinterlassen haben, aus dem Schrank herausgeholt werden.

Aufräumen bietet also die Möglichkeit, alte Ordnungssysteme zu hinterfragen und der eigenen **Autorität** im Raum Ausdruck zu verleihen.

Autorität

Autorität ist eine **Qualität**, die innerhalb von Beziehungen zirkuliert. Autorität entsteht immer dann, wenn jemand die Worte oder Anregungen einer anderen Person bedeutsam findet und ihnen Wert zumisst. Ob jemand für mich Autorität hat, erkenne ich daran, dass ihr oder sein Urteil mir wichtig ist, auch wenn ich damit nicht übereinstimme.

Autorität kann nicht beansprucht oder eingefordert werden, und sie lässt sich auch nicht in äußerlichen Symbolen wie Auszeichnungen, Titel, Rangabzeichen oder gesellschaftliche Stellung fixieren, sondern muss sich in jeder Situation neu bewähren. Dadurch unterscheidet sich Autorität von Macht (und auch von dem, was im üblichen Sprachgebrauch mit »autoritär« gemeint ist).

Autorität folgt nicht zwangsläufig aus einer bestimmten Eigenschaft – etwa objektiver Sachkenntnis oder besonderen Fähigkeiten –, sondern sie korrespondiert mit dem **Begehren** derjenigen Person, die sie anerkennt. Das ist in der Regel dann der Fall, wenn das, was jemand sagt (oder tut oder schreibt), dabei hilft, dem eigenen Begehren zu folgen. Wer Autorität hat, inspiriert, bringt auf neue Ideen, fordert heraus, ermutigt oder zeigt bisher unbekannte Möglichkeiten auf. Genau deshalb kann Autorität große Wirksamkeit entfalten, denn sie bewegt Menschen dazu, sich zu verändern, etwas Neues **anzufangen**, ihre bisherigen Standpunkte zu überdenken und sich weiterzuentwickeln.

Für die politische **Praxis** der Frauen hat es sich als besonders fruchtbar erwiesen, Autoritätsbeziehungen zwischen Frauen zu stärken und bewusst zu pflegen. Denn dies hilft dabei, sich von patriarchalen Machtverhältnissen und der männlich geprägten symbolischen Ordnung unabhängig zu machen. Wenn eine bestimmte Frau für mich Autorität hat, entsteht ein neuer Maßstab, an dem ich mich orientieren kann, und ich bin freier darin, mich von den Maßstäben der bestehenden Ordnung zu lösen. Wenn ich mir zum Beispiel unsicher bin, ob ein Text, den ich geschrieben habe, gut ist, orientiere ich mich an dem Urteil dieser Frau und bin dadurch weniger angewiesen auf herkömmliche Anerkennung (zum Beispiel von einer universitären Benotung oder davon, ob ein etabliertes Medium meinen Text abdruckt). Ihre Zustimmung stärkt mir den Rücken, um anderen gegenüber meine Wünsche und Ansichten vertreten zu können.

Es geht dabei aber nicht um bloße Bestätigung, Unterstützung und Ermutigung. Autorität anzuerkennen bedeutet auch, sich gegebenenfalls kritisieren und hinterfragen zu lassen. Und es ist dafür auch die Bereitschaft der anderen Person nötig, zu der ihr zugesprochenen Autorität zu stehen und Urteile zu wagen.

Autoritätsbeziehungen bewusst zu pflegen, ist auch ein Weg, die **Differenz** unter Frauen fruchtbar zu machen und **Konflikte** untereinander ernst zu nehmen.

Zum Weiterlesen:

Dorothee Markert: Affidamento – Sich dem Urteil einer anderen Frau anvertrauen (www.bzw-weiterdenken.de/2011/04/affidamento-sich-dem-urteil-einer-anderen-frau-anvertrauen/)

Andrea Günter: Weibliche Autorität, Freiheit und Geschlechterdifferenz, Königstein 1996.

Diana Sartori: »›Du sollst‹. Ein mütterliches Gebot« sowie Annarosa Buttarelli: »Autorität hervorbringen, Macht abbauen«, beide in: Diotima: Jenseits der Gleichheit. Über Macht und die weiblichen Wurzeln der Autorität, Königstein 1999.

Bedürftigkeit

Bedürftigkeit ist ein menschlicher Normalzustand. Bedürftig zu sein, bedeutet, dass Menschen andere Menschen brauchen. Wir brauchen die Zuwendung und Fürsorge anderer; das wird nicht nur am Lebensbeginn und oft am Lebensende und in Krankheits- und Krisenzeiten deutlich, sondern auch Tag für Tag in unserem Alltag.

»We all live subsidized lives«, bringt es die US-amerikanische Juristin Martha A. Fineman auf den Punkt: Niemand kann gänzlich für und aus sich allein ein gutes Leben führen.

Trotz dieser Selbstverständlichkeit weckt schon das Bild von Bedürftigen, mehr noch das Bedürftig-Sein selbst, heutzutage vor allem negative Assoziationen. Wer sich bedürftig zeigt, zeigt sich auch abhängig. Wer bedürftig und damit abhängig ist, könne keine »richtigen« und »vernünftigen« Entscheidungen mehr treffen, wird behauptet.

Mit dieser Schlussfolgerung werden unter anderem staatliche Unterstützungsleistungen diskreditiert. Dabei wird aber ignoriert, dass Entscheidungen immer in Abhängigkeiten getroffen werden und dass es das gänzlich autonome Individuum nicht gibt – weder in Bezug auf das Verhältnis der Menschen zueinander noch im Hinblick auf unsere Abhängigkeit von der uns umgebenden Natur oder im Verhältnis der Einzelnen zum Staat.

Wenn es gelingt, den tief eingeprägten Dualismus von **Abhängigkeit** und **Freiheit** aufzulösen, muss die Einsicht in die eigene Bedürftigkeit, die immer auch auf die eigene Verwundbarkeit verweist, nicht länger als Bedrohung erscheinen. Im Gegenteil, vieles im Leben würde leichter, wenn ich davon ausgehen kann, dass kein einziger Mensch ohne die Unterstützung anderer gut leben kann, und es folglich keine Schande ist, wenn ich der Hilfe anderer bedarf.

Das in der vergehenden symbolischen Ordnung des Patriarchats dominante Primat der Eigenverantwortung, das in seiner überzogenen Form zu Allmachts- wie auch Ohnmachtsgefühlen und zunehmend zu narzisstischen und Depressions-Erkrankungen führt, weicht einer Kultur der Fürsorge (**Care**), in der wir gleichzeitig Empfängerinnen und Empfänger von Fürsorge wie auch fürsorgend Tätige sind und Verantwortung für uns selbst und füreinander übernehmen.

Die Einsicht in die menschliche Bedürftigkeit führt dann auch zu einer anderen Politik, die verstanden wird als Art und Weise, das gute

Zusammenleben als Verschiedene (siehe **Differenz**) zu gestalten. Sie ermöglicht es, über neue Konzepte des Miteinanders nachzudenken und sie auszuprobieren, zum Beispiel in Initiativen, Nichtregierungs-organisationen, Kommunen, Staaten, supranationalen Institutionen und allen anderen Formen der politischen Organisation.

Auch das Miteinander in gelingenden Liebesbeziehungen und Freundschaften, in denen Menschen heute schon erfahren, dass wechselseitige Sorge füreinander den eigenen Spielraum nicht ein-engt, sondern sogar erweitern kann, wird erleichtert, wenn wir uns als Bedürftige erkennen und begegnen. Wenn wir offen über Wünsche und Bedürfnisse und die Möglichkeiten und Grenzen, uns diese gegenseitig zu erfüllen, kommunizieren können.

Nichtsdestotrotz bleibt der Umgang mit der eigenen Bedürftigkeit her-ausfordernd. Er wirft Fragen danach auf, wer wir sind und sein kön-nen, wie viel Intimität und wie viel Offenheit wir brauchen, wo und nach welchen Kriterien Grenzen zwischen Privatheit und Öffentlich-keit zu verhandeln und zu ziehen sind und wie wir in wechselseitiger Abhängigkeit von und mit anderen gut leben können.

Zum Weiterlesen:

Michaela Moser: »›We all live subsidized lives!‹ Bedürftigkeit als menschlicher Normal-
zustand und als Ausgangspunkt für eine erneuerte Politik des Sozialen«,
in: Ina Praetorius (Hg.in): Sich in Beziehung setzen. Zur Weltsicht der Freiheit in Bezogenheit,
Königstein 2005.

Martha Albertson Fineman: The Autonomy Myth. A Theory of Dependency,
London, New York 2004.

Michaela Moser im Gespräch mit Antje Schrupp: Über Bedürftigkeit
(Video: http://www.youtube.com/watch?v=1FEmNywvTfo).

Begehren

Mit dem Wort »Begehren« bezeichnen wir einen inneren Antrieb, der Kraft und Orientierung bieten kann. Wenn Menschen etwas in Einklang mit ihrem Begehren tun, merken sie das zum Beispiel daran, dass sie es gern tun, dass »Strom drauf« ist, dass sie es wagen, eigene Grenzen zu überschreiten, dass sie begeistert sind und sich lebendig fühlen, dass sie Rückenwind für ihre Projekte haben und dass sie ihr Tun als sinnvoll empfinden.

Es gibt viele Bilder für das Begehren, doch keine Erklärung erfasst alle Aspekte. Bilder aus religiösen Kontexten sind »Seele« und »Heiliger Geist«, im Kontext der Psychotherapie finden wir Begriffe wie »Libido«, »Hunger nach Sinn« oder »Aktualisierungstendenz«.

Ein weiterer Zugang ist es, Bedürfnisse und Begehren zu unterscheiden: Ebenso wie die Bedürfnisse äußert sich das Begehren im Wünschen und Wollen. Doch während die Bedürfnisse dafür sorgen, dass Menschen (über)leben können, dass sie beispielsweise nicht verhungern oder erfrieren, drückt sich im Begehren die Sehnsucht nach einem »Mehr« aus, das dem Auf-der-Welt-Sein Sinn gibt. Während es im Zusammenhang mit den Bedürfnissen ein **Genug** gibt, bezieht sich das Begehren immer auf ein »Mehr«, auf **Fülle**.

Das Begehren ist ein persönlicher Antrieb, durch den Menschen sich von anderen unterscheiden. Doch da sie selbst Teil der **Welt** sind, zeigt sich auch im persönlichen Begehren eine Richtung, in die die Welt sich gerade entwickelt. So macht das Begehren ganz bestimmte Themen und Dinge anziehend und führt dazu, dass bestimmten Menschen vertraut und ihnen Autorität zugesprochen werden kann, weil der Eindruck besteht, dass ihr Begehren in eine ähnliche Richtung geht wie das eigene. In der Auseinandersetzung mit diesen Menschen und den Dingen der Welt kann ein Maßstab für das Handeln und ein geeigneter Weg gefunden werden, auf dem das Begehren in die Welt gebracht werden kann.

Manchmal wird das Begehren mit bestimmten Inhalten verwechselt, an denen auch dann noch festgehalten wird, wenn das Begehren längst woanders ist. Dann kann das Handeln kraftlos werden. Diese Erfahrung wurde etwa in manchen Frauenprojekten gemacht, die nur noch aus Pflichtbewusstsein fortgeführt wurden, obwohl kaum noch Engagement dafür vorhanden war.

Um in solchen Fällen dem Begehren auf der Spur zu bleiben und wieder ein gutes Leben zu haben, ist es notwendig, **innezuhalten** und neu nach dem Begehren zu suchen, Altes loszulassen und das Risiko des Neuen auf sich zu nehmen, was meistens auch **Konflikte** nach sich zieht. Das kann mit schmerzhaften Loslösungsprozessen verbunden sein und zum Verlust von **Zugehörigkeit** führen. Da das Begehren etwas **Unverfügbares** ist, kann es auch Lebensphasen ohne Kontakt zum Begehren geben.

So, wie wir das Begehren verstehen, gibt es kein negatives Begehren. Doch es kann geschehen, dass ein Begehren mit bestimmten Inhalten und Zielen verbunden und dann mit ihnen identifiziert wird, die dem guten Zusammenleben schaden.

Zum Weiterlesen:

Dorothee Markert: »Begehren«, in: Dies.: Wachsen am Mehr anderer Frauen, Rüsselsheim 2009 (Erstausgabe: 2002).

Antje Schrupp: »Dem eigenen Begehren folgen« und »Was wäre wenn?«, in: Dies.: Was wäre wenn?, Königstein 2009.

Chiara Zamboni: Das Begehren nach Politik (Video: www.youtube.com/watch?v=YC7xEvHPTk4)

Antje Schrupp: Über das Begehren (Video: www.youtube.com/watch?v=RLz2gTYZ-DA)

Bezogenheit

Bezogenheit ist eine **Qualität**, die für alle Menschen, Tiere, Pflanzen und alles Übrige, auch das Unbelebte, unverzichtbar ist. Ohne Bezogenheit kann nichts existieren. Bezogenheit bedeutet, dass nichts ohne das Andere und die anderen sein kann, so wie die Henne nicht ohne das Ei und das Ei nicht ohne die Henne. Bezogenheit beschreibt die vielen und vielfältigen Beziehungen, die das Netz des Lebens ausmachen. Obwohl Menschen seit jeher nur in Bezogenheit (gut) leben können, hat eine breitere öffentliche Debatte über die Bedeutung menschlicher Bezogenheit und Beziehungen erst zu Beginn der 1980er-Jahre eingesetzt. Wichtige Anstöße lieferten die Arbeiten der US-amerikanischen Entwicklungspsychologin Carol Gilligan, die besonders in ihrem Buch *Die andere Stimme* dafür eintrat, die gängige Ethik der Rechte durch eine Ethik der Fürsorge zu ergänzen.

In der Kultur des vergehenden Patriarchats, die auf Konkurrenz und Individualismus baut, hilft die Erkenntnis, dass unser Leben eines in Bezogenheit ist, dabei, **Bedürftigkeit** und **Abhängigkeit** neu zu entdecken und als Teil der menschlichen Grundkonstitution zu verstehen. Es geht also um nichts weniger als um ein Neu-Denken der *conditio humana*, der Bedingungen des Menschseins, und um eine neue Sicht der Welt. Um eine Ordnung, die ihre Aufmerksamkeit nicht auf Abgrenzung, sondern auf jenes **Dazwischen** richtet, das Menschen in ihrer Verschiedenheit miteinander in Beziehung setzt, und um die Auswirkungen, die eine solche Weltsicht der Bezogenheit auf unterschiedliche Sphären des Denkens, Forschens, Erlebens und Miteinander-Lebens hat.

Auch in den Naturwissenschaften, in der Ökonomie und der Theologie ist dieses Neu-Denken bereits im Gange. So hat die US-amerikanische Theologin Carter Heyward in ihrem Buch *Und sie rührte sein Kleid an*, das zeitgleich mit Carol Gilligans *Die andere Stimme* erschien, vorgeschlagen, Gott als »Macht in Beziehung« zu denken, und damit die Entwicklung nicht nur der feministischen Theologie der letzten Jahrzehnte wesentlich geprägt. Naturwissenschaftlerinnen wie die Biologin Florianne Koechlin tragen dazu bei, das bislang dominante Paradigma des genetischen Determinismus (also die Vorstellung, Gene würden bestimmte Merkmale des Menschen unveränderlich festlegen) durch komplexe Vorstellungen von interaktiven Vorgängen innerhalb von Zellen und Organismen abzulösen. Und selbst Mainstream-Ökonominnen und -Ökonomen geben immer öfter zu – wenn auch noch selten öffentlich –, dass das von ihnen konstruierte Menschenbild des egozentrischen *Homo oeconomicus* nicht haltbar ist, und schaffen Raum dafür, auch unter ökonomischen Aspekten das Selbst als eines in Bezogenheit zu verstehen.

In diesen und in vielen weiteren Bereichen geht es darum, auf eine Bezogenheit von allem mit allem zu insistieren und den Sinn des Ganzen neu zu ordnen.

Zum Weiterlesen:

Ina Praetorius (Hg.in): Sich in Beziehung setzen. Zur Weltsicht der Freiheit in Bezogenheit, Königstein 2005.

Florianne Koechlin: Naturwissenschaft im Schwebezustand (http://www.bzw-weiterdenken.de/2007/03/naturwissenschaft-im-schwebezustand/).

Care

Unter dem Stichwort »Care« werden seit den 1970er-Jahren von Feministinnen politische, philosophische und wirtschaftliche Alternativen entwickelt und diskutiert, die das Leben und seine Erhaltung in den Mittelpunkt stellen.

Das englische Wort »care«, das ins Deutsche übersetzt Fürsorge, aber auch Achtsamkeit, Obhut, Pflege und Umsicht bedeutet, steht dabei zum einen für das Bewusstsein von **Abhängigkeit**, **Bedürftigkeit** und

Bezogenheit als menschliche Grundkonstitutionen und zum anderen für konkrete Aktivitäten von Fürsorge in einem weiten Sinne. Es geht um ein »Sorgen für die Welt«, und zwar nicht nur durch pflegerische und sozialarbeiterische Tätigkeiten oder Hausarbeit im engen Sinn, sondern auch durch den Einsatz für einen kulturellen Wandel.

»Care« ist Handeln, das für das Bestehen, Bewahren und die Erneuerungen der **Welt** sorgt und für das eigene In-der-Welt-Sein Verantwortung übernimmt. Zu Care-Aktivitäten zählen auch Tätigkeiten wie die Bestellung von Land, die Pflege von Hecken, das Versorgen von Tieren und Pflanzen und ebenso politischer Aktivismus, Informations-, Forschungs- und Entwicklungsarbeit.

Ein Großteil der Care-Aktivitäten, wie etwa Tätigkeiten im Haushalt, in der Pflege oder in der Landwirtschaft, sind in der vergehenden Ordnung des Patriarchats »unten« angesiedelt. Sie werden ins Private verbannt, trivialisiert und unsichtbar gemacht oder als schlecht bezahlte Jobs an vermeintlich »schwächere« Menschen delegiert, denen ein niedriger sozialer Status zugewiesen wird.

Care-Aktivitäten ins Zentrum zu stellen und die Welt aus der Care-Perspektive zu gestalten, bringt eine maßgebliche Verschiebung von gewohnten Gewichtungen sowie das Aufgeben zahlreicher gängiger Annahmen und Konzepte mit sich. So wird unter anderem die Illusion einer unabhängigen menschlichen Existenz obsolet. Und die Bedeutung traditioneller Institutionen, wie Staat, Markt und Familie und deren Beziehung zueinander, rücken genauso in ein anderes Licht, wie bislang wenig beachtete und schlecht entlohnte Tätigkeiten der Fürsorge (im engeren Sinn) neue Aufmerksamkeit verlangen (zum Beispiel das Wegputzen von **Scheiße**).

Für alle Lebensbereiche müssen also neue Regeln entwickelt werden. Achtsamkeit, Verantwortung und Einfühlungsvermögen werden nicht länger auf den privaten Umgang beschränkt, sondern in ihrem politischen Gewicht erkannt. Und die Öffentlichkeit wird (wieder) zu einem Ort, an dem Menschen in »Netzwerken der wechselseitigen Abhängigkeit, Fürsorge und Verantwortung« leben (so eine Formulierung der niederländischen Politologin Selma Sevenhuijsen), wo sie Neues miteinander ausprobieren und gemeinsam für ein gutes Leben aller sorgen können.

»Caring Citizens« nennt Sevenhuijsen diese auf einer Care-Perspektive aufbauende Vorstellung von Gesellschaft, in der auch ein neues

Verständnis vom Staat entsteht. Staatliche Aufgaben, wie etwa Kinderbetreuung, Altersfürsorge, Bildung, Gesundheitsversorgung, Pflege und auch die Polizei, nehmen in einer »Kultur des Sorgens« neue Gestalt und neue Bedeutung an.

Vieles ist dabei noch zu bedenken, zum Beispiel die Frage, wie Care-Tätigkeiten angemessen entlohnt werden – bei der gleichzeitigen Einsicht, dass sich nicht alles (angemessen) bezahlen lässt und auch nicht alles in bezahlte Arbeit umgewandelt werden sollte. In einer Vielzahl von Projekten, Initiativen und Lebensweisen, wie etwa in Kindergruppen, Alternativschulen, generationenübergreifenden Wohnprojekten, der russischen Datscha-Kultur oder dem *Urban Gardening* und Volksküchen, lässt sich heute schon erfahren, wie positiv das fürsorgende Miteinander auf das gute Leben aller wirken kann.

Zum Weiterlesen:

Selma Sevenhuijsen, Alenka Svab (Hg.innen): Labyrinths of Care. The Relevance of the Ethics of Care Perspective for Social Policy, Ljubljana 2003.

Dankbarkeit

Dankbarkeit erscheint überflüssig, wo Gaben als selbstverständliche Leistungen betrachtet werden oder wo davon ausgegangen wird, dass man ein Recht auf etwas hat. Wer in der Illusion lebt, autonom zu sein und unabhängig von anderen Menschen und den Gaben der Erde überleben zu können, kommt nicht auf die Idee, Dankbarkeit zu äußern.

Weil Unabhängigkeit in der vergehenden symbolischen Ordnung so hoch bewertet und **Abhängigkeit** und **Bedürftigkeit** verdrängt wurden, ist Dankbarkeit zu einer moralisch eingeforderten, oft sinnentleerten Pflichtübung guten Benehmens geworden, die nur noch im privaten Bereich und in der Religionsausübung etwas zu suchen hat. Wir halten dagegen die Bereitschaft und das Bedürfnis, Dankbarkeit zum Ausdruck zu bringen, für eine Folge des Bewusstseins, dass Menschen ohne **Bezogenheit** nicht leben können.

Wenn Menschen nicht dankbar sein können für das, was sie schon bekommen haben, können sie kein gutes Leben haben. Sie können sich selbst nicht **lieben**, können nicht **Ja sagen** zu ihrem Dasein, wenn sie ihren Müttern beziehungsweise ihren Eltern nicht dankbar sein können für das Geschenk des Lebens, das Geschenk der **Sprache** und für die körperliche **Fürsorge**, ohne die sie ihre ersten Jahre nicht überlebt hätten.

Ohne Dankbarkeit für die **Schönheit** der Erde und ihre **Fülle** und ohne Dankbarkeit für das, was andere in früheren Zeiten geschaffen haben, wissen Menschen nichts über ihren Reichtum und darüber, was sie anderen und der Welt geben könnten.

Da Dankbarkeit ein unverzichtbarer Teil des **Gabe**-Geschehens ist, kann sie nicht eingefordert werden. Doch wenn sie fehlt, belastet das Beziehungen, verunsichert die gebende Person und nimmt ihr die Freude am Schenken. Wenn in Gemeinschaften keine Haltung der Dankbarkeit eingeübt wird, wenn kein Bewusstsein dafür da ist, dass das ganze Leben und vieles, was wir bekommen, nicht selbstverständlich ist, nimmt daher auch die Gebefreudigkeit ab und damit auch das gute Leben aller.

Zum Weiterlesen:

Dorothee Markert: »Dankbarkeit«, in: Dies.: Wachsen am Mehr anderer Frauen, Rüsselsheim 2009 (Erstausgabe 2002).

Luisa Muraro: »Ein authentisches Selbstbewusstsein, das zu Lust, Freiheit und wirkungsvollem Handeln führt«, in: Dorothee Markert: Wachsen am Mehr anderer Frauen, Rüsselsheim 2009 (Erstausgabe 2002).

Luisa Muraro: »Orientierung an der Dankbarkeit«, in: Diotima u.a.: Die Welt zur Welt bringen, Königstein 1999.

Daseinskompetenz

Das Gelingen des menschlichen Zusammenlebens ist kein Naturgesetz, sondern beruht weitgehend auf gelernten kulturellen Fähigkeiten. Alle Menschen sind, wenn sie in die Welt eintreten, darauf angewiesen, von Älteren Nahrung, Kleidung, Schutz, Sprache, Sinn und die Grundregeln des Zusammenlebens **vermittelt** zu bekommen. So werden wir allmählich zu selbstständigen Personen, die sich in der Welt orientieren und ihrerseits andere nähren und Jüngere ins Zusammenleben begleiten können.

Lange haben sich Gesellschaften darauf verlassen, dass Mütter und andere in die »Privatsphäre« abgedrängte Menschen – mehr Frauen als Männer – gratis, also ohne öffentliche Sichtbarkeit und Anerkennung, die ersten Bedürfnisse kleiner Kinder befriedigen und ihnen grundlegende Kompetenzen des Zusammenlebens weitergeben: die Fähigkeit, für sich selbst zu sorgen, mit der eigenen **Scheiße** sachgemäß umzugehen, **Konflikte** friedlich auszutragen, um Vergebung zu bitten, Versprechen zu halten, sich zu gedulden, **dankbar** zu sein, einfache Mahlzeiten zuzubereiten und so weiter.

In der patriarchalen symbolischen Ordnung, die notorisch das Erste mit dem Zweiten verwechselt, galten Grundkenntnisse der Muttersprache, der Moral, der Hauswirtschaft und des geordneten Zusammenlebens als naturwüchsig. Sie waren angeblich die selbstverständlich vorhandene Voraussetzung für die Kompetenzen, die später in formalisierten, staatlich oder marktmäßig vermittelten Bildungsprozessen erworben werden. Entsprechend werden heute vor allem diese sekundär erworbenen Fähigkeiten als gesellschaftlich relevante Kompetenzen wahrgenommen und zuweilen überbewertet: Fremdsprachenkenntnisse, Schulwissen, spezialisiertes technisches Wissen und Ähnliches gelten fälschlicherweise als »grundlegend« und werden meistens gut honoriert. Diese Fehlbewertung führt oft zu Problemen und zur Überlastung derjenigen, von denen man erwartet, dass sie weiterhin stillschweigend und unsichtbar an der Basis des Zusammenlebens tätig sind.

Der Begriff »Daseinskompetenz« macht sichtbar und ruft ins Bewusstsein zurück, dass die sekundären Fähigkeiten nur von Menschen erworben werden können, die bereits mit der Fähigkeit ausgestattet wurden, sich im menschlichen Zusammenleben sinnvoll zu bewegen. Der Begriff der Daseinskompetenz wurde bereits im 5. Familienbericht der deutschen Bundesregierung (1995) verwendet, hat sich aber bis heute nicht in einer breiteren Öffentlichkeit durchgesetzt. Er könnte in Zukunft dazu dienen, die grundlegenden Fähigkeiten und Tätigkeiten des menschlichen Zusammenlebens sichtbar zu machen, zu ehren und neu zu bewerten.

Zum Weiterlesen:

Ina Praetorius: »Die Vernunft der Frau Hediger. Zur Philosophie der Daseinskompetenz«, in: Dies.: Die Welt ein Haushalt, Mainz 2002.

Ursi Senn-Bieri, Elisabeth Volkart-Annen, Denise Wassmann: »Daseinskompetenz ist unverzichtbar für die Bildung«, in: Michaela Moser, Ina Praetorius (Hg.innen): Welt gestalten im ausgehenden Patriarchat, Königstein 2003.

Bundesministerium für Familie, Senioren, Frauen und Jugend (Hg.): Fünfter Familienbericht: Familien und Familienpolitik im geeinten Deutschland – Zukunft des Humanvermögens, Bonn 1995.

Dazwischen

Das »Dazwischen« bezeichnet einen **Raum** zwischen (zwei) Personen oder Dingen, oder es benennt einen Abschnitt beziehungsweise eine Phase zwischen zwei definierbaren Zeitpunkten. Es liegt im Wesen des Dazwischen, dass es unbestimmt bleibt; es hat keine klaren Grenzen oder Qualitäten, vielmehr werden diese von der Beziehungsdynamik zwischen Personen oder Dingen und von Phasen des Übergangs und der Verwandlung bestimmt.

Trotz dieses unbestimmten Charakters entspricht »Dazwischen« dem, was »dazwischen ist«, also einem Inter-esse, dem, was »inter-est«. Deshalb kann es weder beseitigt noch aufgelöst werden, egal wie nahe sich Personen, Dinge oder Zeiträume auch kommen mögen.

In einem Kontext wie dem des ausgehenden Patriarchats, das darauf abzielt, Beziehungen zu anderen Personen oder Konzepten neu zu bestimmen und sich von einem dualistischen (oder auf die Aufhebung von Gegensätzen ausgerichteten) Muster hin zu einer stärker »horizontalen« Art und Weise von Beziehungen zu entwickeln, gewinnt das

Dazwischen – vor allem in seinem räumlichen Aspekt – an Bedeutung. In horizontalen, nicht hierarchischen Beziehungen schützt das Dazwischen die **Differenz** zwischen der einen und dem anderen, weil es sie voneinander trennt. Es verhindert, dass das Anderssein der anderen ausgelöscht wird, zum Beispiel durch eine Geste der Identifikation (»Ich bin genau wie du, wir sind identisch«) oder auch durch die Konstruktion einer starken Verbindung oder eines »Wir« (»Wir sind eins und nichts kann zwischen uns kommen«). Solche Gesten ignorieren das »Dazwischen« und damit die Einzigartigkeit des anderen Subjekts sowie ihre oder seine Freiheit, sich zu entwickeln. Der Respekt vor dem Dazwischen macht es möglich, dass der oder die andere in ihrer oder seiner Einzigartigkeit und unreduzierbaren Differenz sichtbar wird.

Das Dazwischen trennt jedoch nicht nur, es verbindet auch verschiedene Personen miteinander. Sie werden durch den Zwischenraum verbunden, durch das, was »inter-est«, also zwischen ihnen ist – durch einen Raum oder eine Zeitspanne voll Aufregung und Erregung, voll schöpferischer Kraft und Offenbarung. Das gilt für **Liebes**beziehungen, aber auch für den politisch öffentlichen Bereich.

In beiden Bereichen wird das »Dazwischen« zu jenem Raum, den Menschen nutzen können, um über ihre Meinungen und über Angelegenheiten von allgemeinem Interesse zu **sprechen**. Zu einem Raum, den sie nutzen können, um sich über ihr Interesse auszutauschen, über das, was zwischen ihnen (wirksam) ist, als geteiltes oder umkämpftes gemeinsames Gut und als beziehungshaftes Netzwerk. Genau dieser Austausch im miteinander geteilten Raum ist es, der eine Praxis des Respekts und der Anerkennung des Zwischen-Raums zur unverzichtbaren ethischen Vorbedingung für das gute Leben aller macht und es Menschen ermöglicht, zu erblühen und ganz die zu werden, die sie sein können und sollen.

Der erste Schritt einer solchen **Praxis** liegt in der Leidenschaft des **Staunens** in der Begegnung mit einer anderen Person. Im Staunen darüber, wer oder was der oder die andere ist, wird das »Dazwischen« als Raum geschaffen, der sowohl den Subjektstatus als auch die Unterschiedlichkeit der Beziehungspartnerinnen und -partner schützt.

Diese Praxis wird besonders relevant, wenn Neugeborene beim Wachsen durch ein sie nährendes Beziehungsgewebe unterstützt werden. Damit eine heranwachsende Person die eigene Einzigartigkeit und

Würde entdecken und entwickeln kann, müssen diejenigen, die das Beziehungsgewebe um sie herum formen, das »Dazwischen« bestätigen und respektieren.

Zum Weiterlesen:

Luce Irigaray: Ethik der sexuellen Differenz, Frankfurt 1991.

Anne Claire Mulder: »Eine Ästhetik des Dazwischen: Die ethische Conditio sine qua non eines friedlichen Zusammenlebens«, in: Michaela Moser, Ina Praetorius (Hg.innen): Welt gestalten im ausgehenden Patriarchat, Königstein 2003.

Anne-Claire Mulder: Eine Ethik des Dazwischen (www.bzw-weiterdenken.de/2011/02/ eine-ethik-des-dazwischen/).

Differenz

Differenz bezeichnet einen Unterschied, der nicht alleine aus äußerlichen Umständen abzuleiten ist – also zum Beispiel aus Geschlecht, Kultur, sozialer Schicht, Alter oder Hautfarbe. Differenz ist zusätzlich eine Folge von subjektiven Urteilen und Entscheidungen, auch wenn beides nicht klar voneinander getrennt werden kann. Differenzen zwischen Menschen entstehen, insofern sie politische, handelnde Wesen sind.

Zum guten Leben gehört es, die Differenz als wesentliches Kennzeichen der menschlichen Pluralität wahrzunehmen und darüber zu verhandeln. Sie ist ein Ausdruck von **Fülle**. Denn die Unterschiede und Differenzen der Menschen ermöglichen es, sich selbst zu verändern und Neues in die Welt zu bringen, etwa wenn daraus **Autorität** entsteht. Deshalb greift es auch zu kurz, Differenzen in erster Linie unter dem Aspekt von Diskriminierung zu betrachten.

Um mit Differenzen fruchtbar umzugehen, hilft es nur bedingt, ihre Ursachen zu erforschen – was speziell im Hinblick auf die Geschlechterdifferenz häufig versucht wurde –, sondern es ist vor allem notwendig, offen für das Andere zu sein, ohne es sofort auf sich selbst zu beziehen, also dem **Dazwischen** Raum zu geben. Der erste Schritt dazu ist das **Staunen**.

Die in einer konkreten Situation auftretenden Unterschiede zwischen Menschen (Frauen/Männer, Weiße/People of Color, Christen/Muslime und so weiter) werden heute meist unter dem Stichwort »Diversity« in einen gemeinsamen Bezugsrahmen gestellt, um sie vergleichbar zu machen. Zum Beispiel: Die Privilegien der einen sind die Diskriminierungen der anderen. Weil Differenz hingegen immer auch aus subjektiven Urteilen und Entscheidungen resultiert, ist sie fließend und veränderbar, und niemand kann mich aufgrund meiner **Zugehörigkeit** zu einem Geschlecht, einer Kultur oder Lebensform auf eine bestimmte Identität festlegen. Um Identitätspolitik geht es gerade *nicht*.

Das Problem von Privilegien und Diskriminierungen anhand von Kategorien wie »Rasse«, Klasse und Geschlecht zu erfassen, erklärt in einer konkreten Situation erst einmal nichts: Dass eine Person eine österreichische, lesbische, 60 Jahre alte Verkäuferin mit dunkelbrauner Hautfarbe ist, lässt keine Rückschlüsse über sie zu. Um etwas über diese spezielle Person zu erfahren, muss ich mit ihr eine Beziehung aufnehmen und sehen, welche konkreten Unterschiede zwischen uns sich zeigen. Denn Differenzen sind in der Regel »asymmetrisch«, das heißt, sie lassen sich nicht als Komplementarität (zwei Enden einer Skala, gegenseitige Ergänzung), Gegensätzlichkeit (Entweder-oder) oder Gleichheit auflösen.

Um das Dilemma zu vermeiden, dass die Zahl relevanter sozialer Kategorien, aus denen sich Privilegien und Diskriminierungen ableiten, prinzipiell ins Unendliche erweitert werden kann (und eigentlich auch muss), andererseits aber eine Fokussierung notwendig ist, um nicht zu guter Letzt bei der banalen Kategorie »individuelle Unterschiede« zu landen, ist das Bild der Matrix hilfreich. Denn hier fließen zwar soziale Kategorien ein, Kristallisationspunkt ist aber dennoch die jeweils besondere Situation der Einzelnen. Außerdem wird im Bild der **Matrix** deutlich, dass die Zugehörigkeit zu einer bestimmten sozialen Gruppe nicht nur Privilegien und Diskriminierungen konstituiert, sondern auch eine Fülle von Möglichkeiten und Ressourcen für ein gutes Leben bietet.

Zum Weiterlesen

Luce Irigaray: Ethik der sexuellen Differenz, Frankfurt am Main 1991.

Antje Schrupp: Einige Gedanken zu Differenz und Intersektionalität (http://www.bzw-weiterdenken.de/2012/01/einige-gedanken-zu-differenz-und-intersektionalitat/).

Diotima: Der Mensch ist zwei. Das Denken der Geschlechterdifferenz, Wien 1989.

Durcheinander

Die deutsche Sprache kennt ein vielsagendes, zukunftsträchtiges Wort für den Zustand der Unordnung: *das Durcheinander*. Üblicherweise wird

»durcheinander« in einem Wort geschrieben. Viele empfinden, wenn sie dieses Wort hören, Unsicherheit und einen Drang zum **Aufräumen**. Im postpatriarchalen Denken wird deutlich, dass der zunächst Verwirrung stiftende Zusammenbruch der zweigeteilten Weltordnung keineswegs ein beklagenswertes Ereignis ist. Vielmehr eröffnet er Räume zum schöpferischen Neusagen und Neuordnen, die von der vergehenden Ordnung systematisch verdeckt worden waren.

Nicht mehr zu wissen, was oben und unten ist, also die charakteristischen postpatriarchalen Schwindelgefühle, kann zunächst als bedrohlich empfunden werden. Dies enthüllt sich aber als notwendiger Anfang des Neuen, wenn wir verstehen, dass wir *durch einander* in die Welt gekommen sind. *Durch einander*, also nicht durch Macht oder Gewalt oder durch eine starre einheitliche Methode, sind wir auch fähig, eine wohnliche Ordnung des Zusammenlebens ins Leben zu rufen.

Das Durcheinander der menschlichen **Bezogenheiten** und Beziehungen kann als ein integraler Bestandteil des komplizierten Austauschgeschehens des Kosmos und der Natur, also von Boden, **Scheiße**, Wasser, **Essen**, Tieren, Pflanzen und so weiter, gesehen werden. Besser als die herkömmliche, zweigeteilt-hierarchische symbolische Ordnung fügt sich das Durcheinander dieser chaotisch geordneten Hülle und **Fülle** ein. Weil Geborene auch in ihrer **Freiheit**, durch einander eine neue Ordnung zu schaffen, verletzlich und abhängig bleiben, ist noch eine dritte Bedeutung des Durcheinanders wichtig: *Durch ein Ander* entsteht Neues. Das *Andere*, das notwendig ist, damit eine neue Ordnung in die Welt kommt, steht hier für das, was religiöse Vorfahrinnen und Vorfahren zum Beispiel »Gott« nannten: das große Umunsherum, die unermüdlich schenkende Fülle, die **Matrix**, das Inter-Esse, das **Dazwischen**. Vertrauen auf dieses **unverfügbare** *Andere*, das die eigene Lebenszeit überdauert, ließ Menschen schon immer Risiken eingehen, also Neues schaffen. Und dabei mussten sie sich nicht mit der Vorstellung belasten, das Ergebnis zu kontrollieren, das Ganze im Griff zu haben und die Welt in Eigenleistung retten zu müssen.

Zum Weiterlesen:

Sharon D. Welch: A Feminist Ethic of Risk (Revised Edition), Minneapolis 2000.

Ina Praetorius: »Wir kommen durch einander. Eine Passage«, in: Dies., Rainer Stöckli (Hg.In): Wir kommen nackt ins Licht, wir haben keine Wahl. Das Gebären erzählen, das Geborenwerden. 150 Szenen aus der Schönen Literatur zwischen 1760 und 2011, Herisau 2011.

Libreria delle donne di Milano: Das Patriarchat ist zu Ende, Rüsselsheim 1996.

Essen

Essen ist ein Lebensvollzug, der für Menschen ebenso notwendig ist wie das Atmen. Essen bereitet oft Lust und **Genuss**, aber auch Ängste und Probleme. Die täglich wiederkehrende (und je nach Lebensumständen mehr oder weniger ausgeprägte beziehungsweise sogar dramatische) Sorge um ausreichende und gute Nahrung begleitet uns ein Leben lang. Wer nicht in der Lage ist, selbst zu essen, wie kleine Kinder oder manche kranken und alten Menschen, muss von anderen genährt werden, um zu überleben. Gefüttert zu werden, ist eine der ersten sozialen Erfahrungen eines Menschen nach der **Geburt**. Von diesem Moment an übernimmt Essen eine Vielfalt an Bedeutungen für menschliche Lebensvollzüge und wird zum Brennpunkt sinnlicher, aber auch sozialer, ökonomischer und ökologischer Erfahrungen.

Was gegessen wird und wie Nahrung zubereitet und verzehrt wird, hat auch mit **Zugehörigkeit** zu tun, etwa zu einer geografischen Region, einer sozialen Klasse, einer Religionsgemeinschaft, aber auch zu Menschen mit bestimmten Einstellungen. Und es beeinflusst die **Qualität** des eigenen Lebens sowie der Umwelt maßgeblich.

Was gegessen wird, muss zuvor wachsen, hergestellt und oft auch zubereitet werden. Was in welcher Qualität auf meinen Tisch kommt, ist dabei von einer Vielzahl ethischer, ökonomischer und politischer Entscheidungen abhängig, unter anderem der Agrar-, Handels-, Konsum- und Gesundheitspolitik. Es hat Auswirkungen auf mein eigenes Wohlergehen und auf die Lebensbedingungen von Menschen und Tieren, die diese Lebensmittel produzieren und zubereiten oder – im Fall des Fleischkonsums – selbst Teil meiner Nahrung sind.

Im Essen zeigt sich die Verwobenheit von Natur und Kultur. Obwohl es keinen eindeutigen oder zwingenden Grund dafür gibt, haben alle Gesellschaften kollektive Formen der Nahrungsaufnahme entwickelt. In manchen Religionen wie dem Christentum oder dem Judentum konstituiert ein gemeinsames Mahl die Zugehörigkeit zur Glaubensgemeinschaft. In fast allen Religionen gibt es Speisegebote und -verbote, und das gute, festliche Essen dient häufig als Metapher für das gute Leben schlechthin.

»Man kann nicht gut denken, lieben, schlafen, wenn man nicht gut gegessen hat«, bringt es die englische Schriftstellerin Virginia Woolf in *Ein Zimmer für sich allein* auf den Punkt. Als sinnlich-**körperliche** Erfahrung steht Essen für vielfältige Erfahrungen des Genusses, aber auch für Erfahrungen notwendiger Zurückhaltung im Zusammenhang mit gesundheitlichen Problemen und für Reglementierungen in Form von Diäten zur Umgestaltung des Körpers nach Bildern vorgeblich idealer **Schönheit**. Im Auftreten von Essstörungen wird die Kontrolle der Nahrungsaufnahme häufig zum Kampf um Unabhängigkeit von einem körperlichen Bedürfnis, der manchmal ein Kampf bis zum Tod ist.

Die viel zitierte Redewendung, dass man »Geld nicht essen kann«, verweist darauf, dass viele Menschen im Grunde um die Verkehrtheit der zweigeteilten Ordnung wissen, die Geld zum Zentrum des Wirtschaftens gemacht hat. Zugleich hängen nach wie vor sowohl die Menge als auch die Qualität der verfügbaren Nahrungsmittel stark von den Geldressourcen einzelner Haushalte und von lokaler und globaler Verteilungspolitik ab.

Weltweit ist jede, jeder Siebte der sieben Milliarden **Würdeträgerinnen und Würdeträger** vom Hungertod bedroht. In Europa zählen Ausgaben für Ernährung zu den Hauptposten der Haushaltsbudgets von Menschen, die unter der Armutsgrenze leben; der Zugang zu frischem Obst und Gemüse und anderen qualitätsvollen Lebensmitteln ist ihnen nur sehr eingeschränkt möglich. Und immer mehr Menschen sind auf die Versorgung durch Sozialmärkte oder Tafeln angewiesen, die »Wegwerf-« beziehungsweise »Restware« verbilligt oder kostenlos an Bedürftige vergeben. Solche Einrichtungen sind eine Notlösung, denn sie lindern zwar die unmittelbare Not, dienen aber letztlich nur der Symptombekämpfung jener Probleme, die durch Überproduktion und Spekulation und die dominierende Macht einiger weniger Konzerne am Nahrungsmittelmarkt entstehen.

Sowohl Kleinbauern und -bäuerinnen des Südens als auch eine wachsende Zahl von Organisationen und Personen in den reichen Ländern des Nordens kämpfen deshalb seit vielen Jahren für Veränderungen in der Ernährungs- und Agrarpolitik. Unter dem Stichwort »Ernährungssouveränität« treten sie für »Brot, Land und Freiheit« ein, für das Recht auf gesunde und kulturell angepasste Nahrung, die nachhaltig und unter Achtung der Umwelt hergestellt wird, für den Schutz vor schädlicher Ernährung, für einen fairen Handel mit Lebensmitteln und das Nutzungsrecht auf Land, Wälder, Wasser und Saatgut jener, die Essen erzeugen und verteilen. Initiativen wie Food Coops, Volksküchen, Gemüsekisten und andere Formen des gemeinsamen solidarischen Landwirtschaftens machen erfahrbar und beweisen, dass (und wie) gutes Essen für alle realisierbar ist.

Zum Weiterlesen:

Grüne Bildungswerkstatt Wien (Hg.): Die Zeit ist reif für Ernährungssouveränität, Wien 2011 (www.gbw-wien.at/article793.htm).

Eva Barlösius: Soziologie des Essens. Eine sozial- und kulturwissenschaftliche Einführung in die Ernährungsforschung, Weinheim 1999.

Freiheit

Freiheit bedeutet, sich dem eigenen **Begehren** entsprechend in den Gang der Welt einzubringen, die Verantwortung für das eigene **Geborensein** zu übernehmen. Also im Rahmen der vorhandenen Möglichkeiten das zu tun, was ich für richtig halte und wovon ich überzeugt bin. Es meint, sich für die eigenen Ideale und Wünsche einzusetzen. Traditionell wird Freiheit oft mit Unabhängigkeit und der Abwesenheit von Zwängen gleichgesetzt. Doch da **Abhängigkeit** zum Menschsein immer dazu gehört, kann dies nicht stimmen. Menschen sind abhängig und frei zugleich. Freiheit bedeutet nicht, tun zu können, was ich will, sondern sie verweist auf die Unverwechselbarkeit jedes einzelnen Menschen. Freiheit besteht darin, die eigene Einzigartigkeit in erster Person in der Welt sichtbar werden zu lassen. Kein Mensch hat keine Freiheit.

Je nach sozialen Umständen und aufgrund ihres Hineingeborenseins in eine bestimmte **Matrix** werden Menschen allerdings verschiedene Privilegien zuteil oder sie sind Diskriminierungen ausgesetzt. Es ist wichtig, sich solche ungerechten Verhältnisse bewusst zu machen, sie zu reflektieren und **Praktiken** zu entwickeln, um dagegen vorzugehen. Freiheit ist aber nicht die Folge dieses Kampfes, sondern ihre Voraussetzung.

Frei zu sein bedeutet nicht, dass zwischen den eigenen Wünschen und ihrer Verwirklichung in der **Welt** möglichst wenige Hindernisse liegen (dass ich tun kann, was ich will). Vielmehr meint es, dass, wer frei ist, die jeweils vorhandenen Möglichkeiten, die eigenen Überzeugungen in die Welt zu bringen, soweit es geht ausschöpft. Auf diese Weise kann freies Handeln die Grenzen des jeweils Vorgegebenen und für möglich Gehaltenen erweitern, zum Beispiel durch **Verhandlungen** (mit anderen ebenso wie mit sich selbst) oder durch das Austragen von **Konflikten**.

Freiheit wird häufig mit Freiwilligkeit gleichgesetzt, aber beides ist nicht dasselbe. Es ist möglich, freiwillig in etwas einzuwilligen, das nicht dem eigenen Begehren entspricht, etwa aus Bequemlichkeit oder aus Angst vor Konflikten. Freiwilligkeit bedeutet, ohne Zwang aus den vorgegebenen Möglichkeiten wählen zu dürfen. Freies Handeln hingegen ist auf eine offene und **unvorhersehbare** Zukunft gerichtet, es geht nicht in der Abwesenheit von Zwängen auf. Freiheit bedeutet vielmehr gerade die Möglichkeit (oder Fähigkeit), über das bereits Gedachte und für möglich Gehaltene hinauszugehen, sich »hinauszulehnen« aus der gegebenen Realität (Luisa Muraro). Also zum Beispiel neu **anzufangen**.

Zum Weiterlesen:

Luisa Muraro: »Unsere gemeinsame Fähigkeit zum Unendlichen«, in: Diotima u.a.: Die Welt zur Welt bringen, Königstein 1999.

Libreria delle donne di Milano: Wie weibliche Freiheit entsteht, München 1988.

Antje Schrupp u.a.: Kleiner Disput über Freiheit (www.antjeschrupp.com/2011/02/02/kleiner-disput-uber-freiheit/).

Luisa Muraro: Freiheit lehren, Mailand 2002 (www.christel-goettert-verlag.de/vortrag15_2_20.htm)

Fülle

Die vergehende symbolische Ordnung vermittelt den Eindruck, wir Menschen lebten in einer Welt des Mangels. Entsprechend sind auch die sozialen Ordnungen in vieler Hinsicht so gestaltet, dass überall nur Mangel erlebt wird: Mangel an Zeit und an Aufmerksamkeit, Mangel an Lebensmitteln und Wirtschaftsgütern, Mangel an Arbeitsplätzen und Geld. Die vorgebliche Knappheit der Ressourcen soll zu Wettbewerb und unermüdlichem Streben nach mehr antreiben, damit die kapitalistische Wirtschaft Gewinne aus dem Leben der Menschen ziehen kann.

Ein wichtiger Schritt zu einem guten Leben ist der, den Blick auf die in Wirklichkeit vorhandene Fülle zu richten: die Fülle, die die Erde schenkt, die Fülle an Möglichkeiten für jedes Leben, die Fülle an Beziehungsmöglichkeiten, die Fülle, die aus der **Differenz** hervorgeht, die Fülle an Erfahrungen und Dingen, die die Menschen, die früher lebten, weitergegeben haben, die Fülle an **Gaben**, die die meisten Menschen täglich erhalten.

Ein Bewusstsein für die Fülle im eigenen Leben, für das volle Leben, kann auch dort vorhanden sein, wo in mancher, durchaus vielleicht wesentlicher Beziehung Mangel herrscht, zum Beispiel ein Mangel an Geld oder Arbeitsmöglichkeiten.

Wir bevorzugen den Begriff »Fülle« vor dem Begriff »Reichtum«, da »Reichtum« im allgemeinen Sprachgebrauch eng mit der Kultur des »Immer mehr« verbunden ist sowie mit dem Gegensatzpaar »Arm und Reich«. Dagegen lässt sich die Fülle, so wie wir sie verstehen, gut mit einer Kultur des **Genug** vereinbaren.

Ein bedingungsloses Grundeinkommen könnte sichtbar machen, dass Geld nicht per Definition knapp ist, sondern auch Fülle zum Ausdruck bringen kann, indem es »einfach gegeben« wird: als Fülle, aus der Menschen erst einmal leben können, bevor sie etwas leisten.

Zum Weiterlesen:

Ina Praetorius: Handeln aus der Fülle, Gütersloh 2005.

Dorothee Markert: Nicht Mangel, sondern Fülle, Rüsselsheim 2003.

Antje Schrupp: »Konkurrenz ist unlogisch. Zum weiblichen Unbehagen an einer Kultur des Wettbewerbs«, in: Dies.: Was wäre wenn?, Königstein 2009.

Gabe

Nehmen und Geben gehören grundlegend zum Leben auf der Erde. Jeder Atemzug ebenso wie das Essen und Ausscheiden sowie die Tatsache, dass Menschen **geboren** werden und sterben, weisen darauf hin, dass sie Teil der Erde sind.

Es gibt zwei friedliche Möglichkeiten, das Nehmen und Geben zwischen Menschen zu gestalten, die Gabe und den **Tausch**. Im alltäglichen Leben geht beides oft nahtlos ineinander über. Im Gegensatz zu denen, die nur den Tausch gelten lassen, halten wir den Wunsch, von der empfangenen **Fülle** etwas weiterzugeben, zu schenken, etwas Sinnvolles zu tun, für ein menschliches Grundbedürfnis, das mindestens ebenso stark ist wie der Wunsch, etwas zu bekommen. Es ist die Antwort auf die Fülle an Geschenken, die jeder Mensch zu Beginn des Lebens bekommen hat: das Geschenk des Lebens durch die Mutter, ihre Fürsorge und **Liebe** und die anderer Menschen, die unerschöpflichen Möglichkeiten der **Sprache**, die **Schönheit** der Erde und der Dinge, die andere Menschen überliefert haben.

Jedes Geben ist in Wirklichkeit ein Weitergeben dessen, was man bekommen hat. Und trotzdem ist jeder einzelne Akt des Gebens auch eine freie Entscheidung, ob ich schenken will oder nicht. Ohne diese **Freiheit** gibt es kein gutes Leben. Die Wahl zu haben zwischen Schenken und Tauschen, halten wir für eine wichtige Voraussetzung für die Freiheit des Gebens.

Mit dieser Aussage wenden wir uns gegen dichotome Darstellungen von Gabe und Tausch, in denen der Tausch negativ bewertet und zudem den Männern zugeordnet wird, während Frausein mit dem Guten und der Gabe verknüpft wird. Geschlechtsspezifische Zuordnungen von Gabe und Tausch gab es auch in der patriarchalen Ordnung. Hier waren die Frauen für das Private und die Gabe zuständig, während die Männer den als wichtiger erachteten öffentlichen Bereich gestalteten, der – zumindest offiziell – ausschließlich vom Tausch geprägt war.

Während die Gabe im gelebten Leben Priorität vor dem Tausch hat – Menschen müssen zuerst vieles bekommen, bevor sie tauschen können –, vermittelt die alte symbolische Ordnung den Eindruck, der warenförmige, gewinnorientierte Tausch sei das Zentrum von Wirtschaft und Gesellschaft. In der kapitalistischen Wirtschaft wird dieser Tausch zum alles bestimmenden Prinzip, und es wird versucht, alle Lebensbereiche unter seinen Maßstab der Nutzenmaximierung zu zwingen.

Doch überall dort, wo es um ein gutes Zusammenleben von Menschen, also um gelingende Beziehungen geht, wo sie darauf angewiesen sind, einander zu vertrauen, ist das Schenken von größerer Bedeutung als das Tauschen. Es legt den Grund für alles andere und muss daher Vorrang haben. Das gilt vor allem für die Zeiten und Lebensbereiche, in denen Menschen besonders fürsorgeabhängig und **bedürftig** sind. Doch es gilt auch im politischen Leben und im Wirtschaftsleben, wo nichts geht, wenn man kein Vertrauen, keine Zeit, keine Anerkennung, keine Worte schenken kann.

Bei Bestechungsgeschenken, die besonders in der Politik und der Wirtschaft eingesetzt werden, handelt es sich hingegen nicht um wirkliche Gaben, sondern vielmehr um einen erwarteten Tausch, der bloß als Geschenk getarnt wird. Sie schaden dem guten Leben.

Die Bereitschaft vieler Menschen, sich für etwas zu engagieren und dabei geschenkte Arbeit zur Verfügung zu stellen, lässt sich als Ausdruck der **Dankbarkeit** für das erklären, was ihnen geschenkt wurde.

Diese für ein gutes Leben aller so wichtige Bereitschaft ist in einer Gesellschaft umso mehr vorhanden, je besser für das Lebensnotwendige gesorgt ist. Durch ein bedingungsloses Grundeinkommen könnten mehr Menschen auf diese Weise sinnvoll tätig sein.

Zum Weiterlesen:

Dorothee Markert: Die Freude am Schenken bewahren. Das Ehrenamt als bedrohte Kostbarkeit (www.bzw-weiterdenken.de/2010/11/die-freude-am-schenken-bewahren-das-ehrenamt-als-bedrohte-kostbarkeit/).

Dorothee Markert: Fülle und Freiheit in der »Welt der Gabe«, Rüsselsheim 2006.

Geburt/Geburtlichkeit

Menschen kommen **durch einander** in die Welt. Als blutige, schleimige, **scheißende**, hungrige, gänzlich **abhängige** Neulinge rutschen sie aus dem Geist-**Körper** einer Frau ins Licht.

Jede Mutter ist ihrerseits Tochter einer Tochter, gibt also das Leben, das sie von der Tochter eines Sohnes und vom Sohn einer Tochter bekommen hat, an die nächste Generation weiter. Geboren zu werden bedeutet, als einmaliges, noch nie da gewesenes Individuum zu einer bestimmten Zeit an einem bestimmten Ort aus einer unverwechselbaren **Matrix** in ein bestimmtes Generationengefüge einzutreten. Von der Geburt bis zum Tod bleiben Menschen abhängig von der Welt, die als eine zweite Matrix gesehen werden kann. Gleichzeitig sind sie **frei**, zu handeln, also den Faden ihrer unverwechselbaren Existenz in das Gewebe zu schlagen, das schon vor ihnen da war.

Die Nabelschnur wird nach der Geburt durchtrennt. Von nun an tritt der Neuankömmling direkt statt vermittelt über das Medium Mutterleib zur Welt in Beziehung. Im Lauf der Jahre wird er oder sie begleitet in das, was »Selbstständigkeit« genannt wird. Selbstständigkeit bedeutet nicht Unabhängigkeit, denn Menschen bleiben immer in die Matrix Welt verwoben: Kein Mensch kann auch nur fünf Minuten ohne Luft überleben oder eine Woche ohne Wasser. Auch ohne **Essen**, Tiere, Pflanzen, **Sprache**, Kultur, Traditionen, Gemeinwesen kann kein menschliches Wesen existieren. Immer und überall bleibt jeder Mensch in ein Generationengefüge verwoben, und eines Tages wird sie oder er sterben und wieder eingehen in die Erde, nachdem viele im Alter noch einmal eine Zeit starker Abhängigkeit durchlebt haben, die der der Kindheit vergleichbar ist.

Menschen als geburtlich zu denken, bedeutet, sie diesseits der Dualismen von Körper und Geist, Freiheit und Abhängigkeit und so weiter von ihrem realen **Anfang** her immer als *Sowohl-als-auch* zu denken: abhängig und frei, Geist und Körper, gleich und verschieden …

Zum Weiterlesen:

Hannah Arendt: Das Handeln, Kapitel 5, in: Dies.: Vita activa oder Vom tätigen Leben, München 1981 (Erstausgabe 1958).

Andrea Günter: Die weibliche Hoffnung der Welt. Die Bedeutung des Geborenseins und der Sinn der Geschlechterdifferenz, Gütersloh 2000.

Christina Schües: Philosophie des Geborenseins, Freiburg/München 2008.

Ina Praetorius: Immer wieder Anfang. Texte zum geburtlichen Denken, Ostfildern 2011.

Andrea Günter: Maria liest – Das heilige Fest der Geburt, Rüsselsheim 2004.

Geistesgegenwärtig sein

Die Welt ist vielfältig und wird oft als unübersichtlich erlebt. Orientierung zu finden, ist manchmal schwierig.

Wie soll ich mich in der Welt bewegen, wie mich verhalten? Wie weiß ich, was in einer bestimmten Situation, an einem bestimmten **Ort**, bei einer Begegnung zum Beispiel, angemessen ist? In welcher **Sprache** drücke ich mich aus, welche Worte wähle ich? Oder ist es besser, zu schweigen und einfach zuzuhören? Ist es richtig, zu bleiben, oder ist es besser, wegzugehen?

Da ist Geistesgegenwärtig-Sein gefragt. Jetzt, in diesem Augenblick, ganz präsent sein, aus der **Fülle** der gelebten Erfahrungen schöpfen, der eigenen und der geschenkten Weisheit vertrauen. Geistesgegenwärtig-Sein ist eine Haltung, die ich einüben und kultivieren kann, es ist aber immer auch ein Geschenk und abhängig von der Anwesenheit anderer.

Geistesgegenwärtig-Sein ereignet sich – im Gegensatz etwa zum Geistesblitz – im **Dazwischen**, zwischen mir und der **Welt**, zwischen mir und den anderen.

Zum Weiterlesen:

»Spiritualität und Labyrinth – Ein Briefwechsel«, in: Agnes Barmettler u.a.:
Erzähl mir Labyrinth. Frauenkultur im öffentlichen Raum.
20 Jahre Labyrinthplatz Zürich, Rüsselsheim 2011.

Genug

Was »Genug« bedeutet, erscheint in manchen Zusammenhängen klar, in anderen jedoch ziemlich unklar. Der Zustand des Genug-gegessen-Habens, der Sättigung, ist den meisten Menschen bekannt; was genug hier bedeutet, ist unmittelbar evident. Ebenso klar ist, dass sowohl der Zustand des Zuwenig-gegessen-Habens, des Hungers, als auch derjenige des Zuviel-gegessen-Habens, der Übersättigung, als unangenehm empfunden werden.

Bei anderen Beispielen wie etwa dem Geldbesitz erscheint die Bedeutung des »Genug« weniger klar. Es erscheint vielen Menschen erstrebenswert, immer mehr Vermögen anzuhäufen, auch wenn anderen dadurch Schaden zugefügt werden könnte. Andererseits gibt es aber auch Bereiche, in denen ein »Immer mehr« tatsächlich möglich ist, ohne Schaden anzurichten, zum Beispiel das (immer mehr) Lernen.

Es ist nützlich, zwei Ebenen zu unterscheiden, um das Genug besser zu verstehen.

Auf der Ebene der Bedürfnisse, wie der Hunger eines ist, existiert ein definierbares Genug. Bei den Grundbedürfnissen erscheint dieses

Genug den meisten Menschen klar; bei nicht-existenziellen Bedürfnissen, die auch Wünsche genannt werden können, kann diskutiert werden, was Genug bedeutet.

Es stellt sich jedoch die Frage, ob solche Wünsche immer auf die Ebene der Bedürfnisse gehören oder ob sie auch Ausdruck eines **Begehrens** sein können. Ist zum Beispiel mein Wunsch nach einem iPod oder einem neuen Flachbildschirm Ausdruck eines Bedürfnisses? Geht es mir wirklich darum, dieses Gerät zu besitzen? Oder handelt es sich vielleicht eher um den Ausdruck eines Begehrens, zum Beispiel »dazuzugehören«, genauso zu sein wie die Freunde, die »peer group«? Richtet sich der Wunsch also vielleicht gar nicht auf den iPod, sondern auf **Zugehörigkeit**?

Es geht nicht darum, klar und eindeutig zwischen Begehren und Bedürfnis zu unterscheiden. Sondern darum, dass es wichtig ist, im je einzelnen Fall zu verstehen, woher ein Wunsch kommt und ob und wie er erfüllbar ist – oder eben auch nicht.

Bedürfnisse können, anders als es gängige Wirtschaftstheorien propagieren, befriedigt werden. Das Streben nach »Immer mehr« ist in Bezug auf Bedürfnisse weder sinnvoll noch trägt es zu einem guten

Leben bei. Dies gilt auch für die nicht existenziellen Bedürfnisse. Viele Menschen verspüren den Wunsch, immer mehr Geld zu besitzen, wie es etwa bei hohen Funktionären in Firmen, Banken und anderen derartigen Organisationen beobachtet werden kann. Aber Geld, das ein Stellvertreter für immer etwas anderes ist, kann das Gefühl der Sättigung offensichtlich nicht hervorrufen.

Es ist daher nützlich, sich klarzumachen, wofür das Geld im konkreten Fall steht und welche Bedürfnisse befriedigt werden sollen. Zum Beispiel kann viel Geld für den Kauf von siebenhundert Paar Schuhen, zwei Häusern oder sieben Autos verwendet werden. Das persönliche Empfinden von Genug kann hier variieren. So kann für den einen der Besitz von einem Paar Schuhe genug sein, für die andere mögen es zehn Paar sein. Mehr Schuhe, als das Jahr Tage hat, dürften allerdings den Bereich des Genug überschreiten. Ebenso verlässt der Besitz von mehr als einem Fahrzeug oder einem Haus die Sphäre der Bedürfnisbefriedigung (nach Mobilität, nach Behausung) und führt in die Sphäre des Begehrens. Es ist interessant, zu fragen, welches Begehren hinter dem Wunsch nach bestimmtem Besitz stehen könnte. Es muss sich nicht immer um dasselbe Begehren handeln und es gibt vermutlich andere Wege als die Anhäufung von Besitz, um dem Begehren näherzukommen.

Bei der Abwägung, was Genug bedeutet, ist es wichtig, auch den Bezug zu den anderen Menschen im Auge zu behalten. Wenn mein Mehr-Besitz anderen schadet, ist das ein Anzeichen dafür, dass ich mehr als genug besitze. Auf der Ebene des Begehrens ist ein Mehr hingegen auch für die anderen ein Gewinn. Das Begehren durch Konsum auf der Ebene der Bedürfnisse befriedigen zu wollen, ist ein Versuch, der fast immer scheitert.

»Genug« bedeutet also nicht Überfluss und nicht Mangel. Das Genug ist ein persönlicher Maßstab für das eigene Empfinden und zugleich ein Maßstab der Vernunft. Auf der Ebene des Begehrens ist es möglich und sogar sinnvoll, ein Mehr zu erstreben. Dieses Mehr beruht auf der vorhandenen **Fülle**, zum Beispiel von Beziehungsmöglichkeiten und Erfahrungen, und es kann sich sogar dort zeigen, wo materieller Mangel herrscht und Bedürfnisse teilweise unbefriedigt bleiben. Jemand kann zeitweise zu wenig zu essen haben und dennoch, oder auch gerade deshalb, immer mehr lernen wollen.

Das Begehren ist eine andere Ebene, die jedoch mit derjenigen der Bedürfnisse zusammenhängt. Wenn die Bedürfnisse vieler Menschen befriedigt sind, wenn also alle genug haben, oder anders gesagt: wenn in einer Gesellschaft größtmögliche Verteilungsgerechtigkeit herrscht, ist der Grundstein für ein gutes Leben gelegt. Dann nämlich gibt es mehr Raum für den Bereich des Begehrens, für denjenigen Bereich des Lebens also, in welchem aus der Fülle des Vorhandenen geschöpft werden kann und alle mehr haben können, ohne dass jemand weniger hat.

Zum Weiterlesen:

Ursula Knecht, Caroline Krüger: Aus der Fülle der Abhängigkeit schöpfen, Publikation zur 8. Österreichischen Armutskonferenz, Wien, 2010.

Arbeitsgruppe Chora: Freiräume schaffen – Gutes Leben mit der Subsistenzperspektive (10 Jahre Arbeitsgruppe Chora, Andrea Appel, Andrea Kölzer, Claudia Tiemann), Kassel/Nothfelden, Selbstverlag 2005.

Dorothee Markert: Nicht Mangel, sondern Fülle, Rüsselsheim 2003.

Genuss

Genuss stellt sich dann ein, wenn eine wohlige, meist körperlich erlebte Spannung, wie zum Beispiel das Gefühl des Hungers, in einen entspannten Zustand überführt wird. Dies geschieht oft durch Anregungen von außen, etwa durch Essen, Berührungen, Literatur oder Musik. Körperliche Anstrengungen und Genuss schließen sich nicht aus, wie das Natur- und **Körper**erleben zum Beispiel beim Bergsteigen, Klettern, Schwimmen oder Sport generell zeigt.

In einem guten Leben, in dem die Welt als eine der **Fülle** und nicht des Mangels wahrgenommen wird, sind die Möglichkeiten zum Genießen vielfältig. Da der Prozess des Genießens eine zyklische Bewegung von Spannungsaufbau und -abbau darstellt und das Genießen selbst eine Tendenz zur Wiederholung und Steigerung in sich birgt, ist es hilfreich, von Zeit zu Zeit **innezuhalten**. Die Welt ist immer eine des »**Sowohl als auch**« und nicht des »Entweder oder«. Deshalb haben Abstinenz und das Wahrnehmen von Leere auch ihren Platz, gerade in einer Welt der Fülle.

Großer Genuss kann sich zum Beispiel durch sexuelles Erleben erschließen. Patriarchale Gesellschaften haben versucht, weibliches sexuelles Begehren zu reglementieren, indem sie Frauen einteilten in die einen, die ihre Sexualität nicht oder nur streng reglementiert ausleben durften, und die anderen, die vorwiegend als Objekte daran teilnehmen mussten.

In postpatriarchalen Gesellschaften bestimmen Frauen und Männer selbst, ob, in welcher Form und in welchem Kontext sie sexuell aktiv sein wollen, indem sie sich mit der jeweils involvierten anderen Person beziehungsweise den anderen Personen darüber einigen oder auch nicht. Finanzielle Unabhängigkeit, garantiert zum Beispiel durch ein Grundeinkommen, erleichtert auch im sexuellen Bereich die Selbstbestimmtheit der Akteurinnen und Akteure.

Haushalt

Haushalte galten in der patriarchalen symbolischen Ordnung Jahrhunderte lang als private Königreiche kontrollberechtigter Väter, als quasi naturgesetzlich funktionierende, zwar **notwendige**, aber theoretisch belanglose »Keimzellen des Staates«. In ihnen hatten Sklavinnen und Sklaven, Ehefrauen, Kinder und Haustiere die materiellen (*Materia* von griechisch *Mater*: Mutter) Bedürfnisse zu befriedigen und so – möglichst unsichtbar – die »Unabhängigkeit« der Staatsbürger herzustellen und zu garantieren. Was in Haushalten jenseits von bloßer Bedürfnisbefriedigung geleistet wurde – Sinnstiftung, Beziehungspflege, Kultur, **Liebe** – blieb unsichtbar.

Heute gelten Haushalte als markt- und damit einkommensabhängige private Konsumeinheiten. Die in ihnen verrichtete Arbeit gilt nicht als solche, sondern als »Leben«, das die einzelnen Menschen selbst durch die persönliche Anstrengung der so genannten »Work-Life-Balance« in ein Gleichgewicht mit dem Erwerbsleben bringen sollen.

Postpatriarchal enttrivialisiert können die Haushalte neu als **Orte** in Erscheinung treten, in denen Menschen in ihrer unverwechselbaren, sich ständig wandelnden Realität **daseinskompetent** die grundlegenden Bedürfnisse aller nach **Essen**, Schutz, Wohnen, Geselligkeit, Sinnstiftung und Spielraum erfüllen, und zwar arbeitsteilig und von der Allgemeinheit in ihrer Bedeutung anerkannt und gewürdigt.

Der Haushalt hat, anders als der Markt, keine Institution mehr unter sich, an die er die Aufgabe, menschliche Bedürfnisse zu befriedigen, delegieren könnte. Zwar sind auch Haushalte ins Gegebene, in die vorgegebene **Fülle** der Natur – Luft, Wasser, Erde, Tiere, Pflanzen – eingebettet. Innerhalb der Organisation des menschlichen Zusammenlebens und Wirtschaftens aber sind die Haushalte grundlegend. Der Markt ist gegenüber den Haushalten zweitrangig: Er verwaltet und verteilt Überschüsse. Ökonomie könnte im Sinne der Grundbedeutung des Wortes (*Oiko-Nomia*: Gesetz des Haushalts) als Lehre vom guten Welt-Haushalten verstanden werden.

Der Haushalt in diesem postpatriarchal neu definierten Sinne ist geeignet als Modell für die ganze **Welt**, denn wie der Haushalt, so ist auch die Welt eine Behausung, die allen Menschen in **Geburtlichkeit**, Sterblichkeit, **Bedürftigkeit** und Verletzlichkeit gewisse Grenzen auferlegt und ihnen gleichzeitig eine Fülle von Möglichkeiten eröffnet, in **Abhängigkeit frei** tätig zu werden.

Wird der Markt wieder als zweitrangige Institution erkannt, so verliert er seine Bedrohlichkeit und kann in seiner begrenzten Bedeutung als nützliche Verteilinstanz neu gewürdigt werden. Auch ein globalisierter Markt ist nicht beängstigend, wenn klar ist, dass die grundlegenden Bedürfnisse der sieben Milliarden **Würdeträgerinnen und Würdeträger**, die zusammen mit unzähligen anderen Lebewesen die eine Erde bewohnen, anderswo erfüllt werden: in Haushalten, also in lokalen, zum Beispiel staatlich organisierten oder unterstützten **Gabe**- und **Tausch**gemeinschaften, die sich nicht als Märkte verstehen, sondern die den Menschen in ihrer sich stetig wandelnden Verschiedenheit und Bedürftigkeit verpflichtet sind – zum Beispiel durch ein garantiertes Grundeinkommen.

Zum Weiterlesen:

Rosemarie von Schweitzer: Einführung in die Wirtschaftslehre des privaten Haushalts, Stuttgart 1991.

Ina Praetorius: »Wirtschaftsethik A«, in: Peter Eicher (Hg.): Neues Handbuch theologischer Grundbegriffe, München 2005, Bd. 4.

Ina Praetorius: »Die Welt als Haushalt denken. Selbstbefragung zu einem philosophischen Experiment«, in: Dies.: Immer wieder Anfang, Ostfildern 2011.

Dorothee Markert: »Hausarbeit und Nachhaltigkeit«, in: Dies.: Wachsen am Mehr anderer Frauen, Rüsselsheim 2009 (Erstausgabe 2002).

Innehalten

In einer Welt der **Fülle** ist es notwendig, beizeiten innezuhalten, um nicht angesichts einer unbegrenzten Anzahl von Möglichkeiten die Orientierung zu verlieren. Das Innehalten lässt die Fülle bewusst erleben. Durch Innehalten kann, zum Beispiel beim Essen, wahrgenommen werden, wann das »**Genug**« erreicht ist. Wie der **Raum** eine Ordnung durch das **Aufräumen** gewinnt, so erhält die Zeit ihre **Qualität** durch regelmäßiges Innehalten.

Innehalten hilft auch, neue Ordnungsmaximen zu entwickeln, was umso notwendiger ist, als die bis vor Kurzem vorherrschenden dichotomen Deutungsstrukturen (aktiv/passiv, Theorie/Praxis, männlich/weiblich, geistig/körperlich und so weiter) zunehmend an Einfluss verlieren und keine Orientierung für ein gutes Leben bieten. Aus dem Innehalten entwickeln sich neue Orientierungsstrukturen, die dem **Dazwischen** und dem **Sowohl-als-auch** Raum geben.

Innehalten bedeutet, die Alltagsroutine zu unterbrechen und sich einem anderen Zeitverständnis zu öffnen, in dem die Unendlichkeit des Augenblicks erahnt werden kann. Innehalten öffnet den Raum für

Geistesgegenwart und bereitet den Nährboden für das **Begehren**. Viele religiöse Praktiken unterstützen das, zum Beispiel die Sonntagsruhe, der Sabbat, Meditation, rituelle Gebete, Fasten- und Schweigezeiten, Pilgerreisen und so weiter.

Vor allem die traditionelle Ökonomie, die auf stetige Gewinnmaximierung ausgerichtet ist, widersetzt sich einer Kultur des Innehaltens. Wirtschaftliche Interessenvertreterinnen und -vertreter streben permanente Produktion an. Wartezeiten zum Innehalten gelten als unproduktiv und sollen möglichst verbannt werden. Sogar in der Landwirtschaft, die durch ihre Abhängigkeit von biologischen und klimatischen Prozessen generell einem Rhythmus von Arbeits- und Ruhezeiten unterworfen ist, wird inzwischen oft eine kontinuierliche Produktivität angestrebt. Den Menschen soll in ihrem Arbeits- und Konsumverhalten, zum Beispiel durch flexible Arbeitszeiten und permanente Konsummöglichkeiten, das Bedürfnis zum Innehalten ausgetrieben werden. Das epidemische Auftreten von Depressionen und Burn-out-Symptomen ist eine hilflose Reaktion auf ununterbrochenen Aktivitätsfluss.

Freiwilliges Innehalten wie selbst gewählte Erwerbsarbeitslosigkeit oder Elternzeit wird häufig diffamiert. In der Regel unterbrechen Menschen ihre Alltagsroutine nur dann, wenn sie durch Umstände wie Krankheit, Arbeitslosigkeit oder Schicksalsschläge dazu gezwungen sind. Oft ist die Folge der Ausschluss aus sozialen Bezügen. Da es kaum eine Kultur des Innehaltens gibt, besteht Unsicherheit, wie mit diesen Menschen, die aus dem Alltagsleben hinausgeschleudert wurden, umgegangen werden soll, und sie sind deshalb zusätzlich zu den eigentlichen Problemen auch noch mit sozialer Isolation konfrontiert. Auch in solchen aufgezwungenen Zeiten des Innehaltens können sich neue und vielleicht unerwartete Perspektiven und Potentiale entwickeln. Besser wäre es jedoch, dem Innehalten als einem immer wieder auftretenden Normalzustand auf individueller wie gesellschaftlicher Ebene bewusst Raum und Zeit zu geben.

Intervitale Gespräche

Die meisten Menschen, vielleicht sogar alle, sind täglich, und vor allem in Krisensituationen und in Phasen des Übergangs, auf der Suche nach dem Sinn ihres Daseins in der Welt. Manchmal hilft ihnen ihr kulturelles, zum Beispiel religiöses, Herkommen, manchmal auch nicht. Dann weisen sie die Vorgaben ihrer **Matrix** zurück, passen sich widerwillig an oder beginnen, Transformationsarbeit an der Matrix zu leisten. Kaum jemand lebt genau mit den Dogmen, die in den Lehrbüchern der jeweiligen Herkunftstraditionen stehen. Gerade Frauen müssen eigene Antworten geben, weil sie mit den überkommenen patriarchalen Vorurteilen, die in fast allen herkömmlichen Kulturen und Weltanschauungen enthalten sind, nicht weiterkommen beziehungsweise von eigenen Fragestellungen ferngehalten werden. Um postpatriarchale Sinnorientierungen zu ermöglichen, sind Gespräche zwischen Menschen unterschiedlichen Herkommens notwendig und inspirierend. Anstelle der üblichen »interkulturellen« oder »interreligiösen« Gespräche bevorzugen wir das Wort »intervital«, weil dabei nicht von der »höheren Sphäre« eines Dogmensystems ausgegangen wird, sondern von den Fragen des tatsächlichen Lebens (lateinisch *vita*: Leben). Die gängigen interreligiösen oder interkulturellen Gespräche sind meist als »Expertendialoge« zwischen Repräsentantinnen und Repräsentanten ihrer jeweiligen Kultur oder Religion angelegt und berühren deshalb nur selten die tatsächlichen Sinnfragen der Menschen.

Intervitale Gespräche sind experimentelle Dialoge, die von den Sinn- und Gestaltungsfragen der Menschen her postpatriarchale Sinnbezüge erschaffen. In intervitalen Gesprächen werden nicht geschlossene Lehrgebäude gegeneinander abgegrenzt, sondern neue Ideen entwickelt und Traditionen auf ihre Alltagstauglichkeit, ihr Befreiungspotential und ihre Transformationsfähigkeit befragt: Welche Bruch- und Versatz- stücke der offiziellen Dogmatik helfen in konkreten Situationen wei- ter? Wie kann ich die Weisheit meiner Vorfahrinnen und Vorfahren neu beleben, ohne meine Nachbarinnen auszuschließen? Welche Worte und Gesten passen zu unseren Bedürfnissen und Erfahrungen? Sollten wir neue erfinden?

Viele interreligiöse Dialoge, wie sie heute von Frauen geführt werden, spiegeln bereits dieses intervitale, letztlich auf Frieden gerichtete Interesse: Ihr Ansatzpunkt sind die Beziehungen und gemeinsamen Erfahrungen in einer Lern- und Gesprächsgemeinschaft. Motor der Gespräche sind der Wunsch, das Zusammenleben im Alltag gut zu gestalten, und die Frage, wieweit die eigene Religion und Spiritualität dabei hilfreich sind oder eben auch nicht. Die **Praxis** intervitaler Gespräche ist eine Praxis des Überschreitens, der Auflösung festgefügter religiöser oder kultureller Abgrenzungen, etwa in Erfahrungen transreligiöser Spiritualität oder in der Erfahrung, dass Verschiedenheit und Gleichheit zusammengedacht werden können.

Fachleute der traditionellen Sinnressourcen, zum Beispiel Theologinnen oder Kulturwissenschaftler, können in intervitalen Gesprächen eine wichtige Rolle spielen. Allerdings nicht als »Vertreter«, sondern als Hebammen, die die Geburt postpatriarchaler Sinnbezogenheit kundig und achtsam begleiten.

Zum Weiterlesen:

Reinhild Traitler-Espiritu: »Dialog als Praxis der Bezogenheit. Erfahrungen aus dem Europäischen Projekt für Interreligiöses Lernen zwischen christlichen und muslimischen Frauen (EPIL) – eine Fallstudie«, in: Ina Praetorius (Hg.in): Sich in Beziehung setzen, Königstein 2005.

Ja sagen

Um gut leben zu können und gutes Leben für alle zu wollen, ist es sinnvoll, vielleicht sogar notwendig, zum eigenen Dasein bewusst Ja zu sagen. Das ist oft schwieriger, als es auf den ersten Blick scheint, denn es gibt keinen äußeren Beweis für die Sinnhaftigkeit der **Welt** und des menschlichen Lebens.

Wir wissen nicht, wie die Welt entstanden ist, wie sie enden wird, woher wir kommen und wohin wir nach unserem Tod gehen werden. Deshalb sind ablehnende oder skeptische Einstellungen zur Welt und zur eigenen Existenz häufig, und – vor allem in prekären Lebenslagen und Krisenzeiten – auch nachvollziehbar: Zynismus, Depression, Rückzug in Ideologien, Sekten, Sucht, Konsumismus oder andere Illusionen, Habgier, Resignation, Ziellosigkeit, Egoismus, Angst bis hin zum Selbstmord. Zum eigenen Dasein in seiner Begrenztheit, Zu- und Anfälligkeit dauerhaft Ja zu sagen, ist keineswegs selbstverständlich und braucht oft viel Kraft und Zähigkeit.

Die Traditionen der Menschheit haben Praktiken überliefert, die Fähigkeit zum grundlegenden Ja, die in der Kindheit meist noch vorhanden ist und erst im Jugendalter in Krisen gerät, durch regelmäßige Übung zu stärken und zu erhalten. Insbesondere die bewährten Übungen des **Innehaltens** – Schweigen, Natur erleben, Fasten, Lektüre, Kunst betrachten, gemeinschaftliche Nachdenklichkeit, Gebet, Pilgern – sind in diesem Zusammenhang wichtig. Auch die Erfahrungen und die Pflege von **Liebe**, Freundschaft, sinnvoller Tätigkeit und **Zugehörigkeit** sind Voraussetzungen für das grundlegende Ja.

Ja sagen zu können, bedeutet keineswegs immer Harmonie und Friedfertigkeit, es darf nicht als Gegensatz zum **Konflikt** und zum **Negativen** gedacht werden. Vielmehr ist es gerade die Voraussetzung dafür, leidenschaftliche, sogar zornige Kritik am Bestehenden zu üben, und damit auch Voraussetzung für die Weltgestaltung aus dem Mehrwollen des **Begehrens** heraus.

Körper

Wenn ein Kind **geboren** wird, fragen wir: Ist es gesund, hat es zehn Finger, hat es zehn Zehen? Ist es ein Mädchen oder ein Junge? Wir heißen das Neugeborene willkommen als Wesen mit einem Körper, der genährt werden muss: gefüttert und gewaschen, bekleidet und mit einem Maß an Körperkontakt verwöhnt, der eine Kontinuität zum Gefühl im Mutterleib vermittelt.

Der Lebensbeginn jedes Neugeborenen belegt, dass alle Menschen körperliche Wesen sind: Sie nehmen **Essen** und Trinken zu sich, sie pinkeln und **scheißen**, sie bewegen sich in der **Welt**. Menschen sorgen für ihren Körper und dessen Bedürfnisse und (hoffentlich) auch für die körperlichen Bedürfnisse anderer. Sie umarmen und werden umarmt, sie küssen und werden geküsst, sie werden geliebt und begehrt, sie **lieben** und **begehren**, sie können die eigene Sexualität erfahren und teilen. Sie pflügen Land, sie nehmen Dinge in die Hand und machen viele unterschiedliche Dinge daraus. Sie werden krank und (oft) wieder gesund, sie erleben, wie die eigene Energie abnimmt, wie **Schönheit** und Mobilität verloren gehen, sie altern und sterben. Das alles sind Körpererfahrungen, also Erfahrungen, die durch und mit dem Körper gemacht werden.

Wenn ein Kind geboren wird, erfährt es die umgebende Welt mit und durch seinen Körper, indem sein Körper, diese empfindsame Materie, berührt wird, und indem das Kind selbst die Welt mit seinem Körper berührt. Licht, Geräusche, Gerüche, Geschmack und Berührungen treffen auf die Sinne des Neugeborenen, sie berühren die empfindsame Materie, die das Substrat des eigenen Körpers ausmacht.

All diese Sinneserfahrungen hinterlassen Spuren an und in diesem Körper. Es sind Sinneserfahrungen, die nach Mustern und Formen geordnet werden, die als angenehme oder unangenehme Erfahrungen wahrgenommen und in Lust oder Schmerz, in Beziehungsmuster, in Reaktionen und Aktivitäten »übersetzt« werden.

Nicht nur Kinder, auch Erwachsene eignen sich auf diese Weise Wissen über die Welt an, die sie umgibt, auch wenn Erwachsene oft dazu neigen, dies zu vergessen, weil die (neuralen) Muster, die dem Ordnen bewusster Wahrnehmungen dienen, den Eindruck erwecken, es sei der Geist oder der Verstand, der Menschen mit der Welt verbindet.

Immer wieder jedoch bekommen Menschen die Möglichkeit, erneut zu erkennen, dass sie die Welt durch ihre Sinne, durch die empfindsame Materie des Körpers, erfahren und kennenlernen, dass Geist und Körper nicht geschieden, sondern nur unterschieden sind. Vor allem dann, wenn sie vom **Staunen** über die Wahrnehmung von etwas Schönem oder von etwas auf unbekannte Weise Anderem erfasst werden, wenn ihr Körper Schmerz empfindet oder wenn einer der Sinne – zum Beispiel das Sehen oder das Hören – nicht (mehr) auf die gewohnte Weise funktioniert.

Der Körper ist unser erster **Ort**. Er ist der Platz, von dem aus wir wahrnehmen und uns auf die Welt um uns herum beziehen können. Und er, der Korpus – das materielle Ganze – ist es auch, was von anderen wahrgenommen wird und wozu diese in Beziehung treten, wenn sie uns begegnen. Geschlecht, Hautfarbe, Alter, sexuelle Orientierung, körperliche Einschränkungen und Fähigkeiten sind deshalb unentwirrbare Anteile unseres Körper-Seins.

Ein Körper wird nicht nur von und durch menschliche Beziehungen genährt und versorgt, sondern auch durch die materielle Welt, die ihn umgibt und umhüllt. Körper sind **bedürftig**. Ein körperliches Wesen, jeder Mensch also, braucht Luft zum Atmen, Wasser zum Trinken, Früchte zum Essen, Sonne oder Feuer, um sich zu wärmen. Ohne Luft, ohne Wasser, ohne Nahrung, ohne Wärme ist die körperliche Existenz – und damit die menschliche Existenz – nicht möglich.

All dies (und mehr) erklärt, warum gutes Leben und menschliche Würde (oft) auf eine Art und Weise beschrieben werden, die um das Wohlergehen des Körpers und die Sorge um den Körper kreist: Dabei geht es um ausreichende Nahrung, um einen warmen Platz zum Schlafen, um eine Umarmung, um die Abwesenheit von Schmerz, der durch menschliche Gewalt verursacht wird, und vieles mehr.

Nachdenken über ein gutes Leben für alle beginnt also mit der materiellen Welt und mit dem Nachdenken über diese: mit dem Nachdenken über die Natur und das ökologische Gefüge, von dem mein Körper ein Teil ist und das diesen trägt und erhält.

Zum Weiterlesen:

A woman's creed – The Declaration of the Women's Global Strategies Meeting, Beijing 1995 (http://www.solsustainability.org/documents/wls/AWOMANSCREED.doc).

Anne-Claire Mulder: Divine Flesh, Embodied Word. »Incarnation« as a hermeneutical key to a feminist theologian's reading of Luce Irigaray's work, Amsterdam 2006 (besonders S. 101-120).

Antje Schrupp: Mehr Körperkontakt! (http://www.bzw-weiterdenken.de/ 2010/04/mehr-korperkontakt/).

Konflikt

Ein Konflikt ist eine besondere Form der **Differenz**, die dann auftritt, wenn Menschen unterschiedliche Ansichten, Interessen, Vorstellungen und **Begehren** haben, die nicht miteinander vereinbar sind und über die daher **verhandelt** werden muss (also sehr oft).

Traditionell werden Konflikte als etwas Negatives angesehen, weil sie leicht zu Streit und Missgunst führen, oft sogar zu Krieg. Doch die Erfahrung zeigt, dass Konflikte fruchtbar sein können, weil sie dabei helfen, die Realität besser zu verstehen. Sie fordern das Denken heraus, schärfen die Fähigkeit zur **Vermittlung**, führen zu neuen Erkenntnissen und sind daher oft ein Motor für Veränderungen. Dies gilt auch dann, wenn ein Konflikt zwischen ungleich starken Parteien stattfindet, auch wenn hier die Gefahr groß ist, dass die stärkere Seite den Konflikt umgeht, indem sie einfach auf Machtmittel zurückgreift. Unlösbar erscheinen Konflikte, wenn sie in der Logik des Mangels gesehen werden, als Streit um Ressourcen, als Wettstreit zwischen zwei fixen Positionen. Aus einer Perspektive der **Fülle** jedoch eröffnen sich unendlich viele Möglichkeiten, über einen Konflikt zu verhandeln und Lösungen zu finden, die bislang nicht sichtbar waren. Auch bei existenziellen Konflikten wie zum Beispiel einem über den Zugang zu Wasser können **intervitale Gespräche** zu erstaunlichen Veränderungen führen.

Zu einem Denken, das Konflikte als problematisch ansieht und Krieg für unausweichlich hält, gehört die Gewohnheit, Differenzen in Form von »Pro und Contra« zu diskutieren. Das beginnt schon in der Schule, wo Kinder das Argumentieren lernen sollen, indem sie sich für oder gegen eine bestimmte These entscheiden müssen. Auch Talkshows sind häufig in der Pro-und-contra-Logik besetzt. Bei fast allen Themen ist dies jedoch unangemessen. Eine Haltung des »**Sowohl als auch**« wäre meistens ein besserer Ausgangspunkt.

In der Pro-und-contra-Logik scheinen die Differenzen zwischen Menschen zudem oft vorgegeben und unveränderbar, also von ihren jeweiligen Interessen quasi determiniert. Doch wird einem Konflikt die nötige Aufmerksamkeit gewidmet und das Thema differenziert betrachtet, ist der schwierigste Schritt eigentlich der, herauszufinden, wo die wahren Differenzen und Konflikte liegen.

Zum Weiterlesen:

Dorothee Markert: »Konflikte und Grenzen in Frauenbeziehungen: wahrnehmen, ansprechen, politisch fruchtbar werden lassen«, in: Dies.: Wachsen am Mehr anderer Frauen, Rüsselsheim 2009 (Erstausgabe 2002).

Liebe

Liebe ist eine Art und Weise, sich zu etwas in Beziehung zu setzen. Das kann ein anderer Mensch sein, aber auch ein Projekt, ein Gegenstand, eine kulturelle Praxis, Gott oder die **Welt**. Jemanden oder etwas zu lieben, bedeutet, sich zu binden, ohne dass der Grund dafür auf Nutzen, Gemeinsamkeiten, Interessen beruht, oder zumindest nicht ausschließlich. Liebe hat dabei nichts mit Einswerden zu tun – wie ein verbreitetes Missverständnis lautet –, sondern sie achtet im Gegenteil auf das **Dazwischen**. Liebe verbindet uns mit dem Anderen, trotz aller **Differenz**.

Jemanden oder etwas zu lieben, ist keine Willensentscheidung. Eher ist es ein Einwilligen in eine Anziehung, der ich in gewisser Weise ausgeliefert bin. Liebe ist ein Ereignis, das zwischen mir und einer anderen Person oder einer Sache geschieht. Allerdings können Menschen die Liebe kultivieren, indem sie mit ihr rechnen, sie als kulturelle Kraft pflegen und bestärken. Traditionell wird zwischen verschiedenen Formen der Liebe unterschieden, zum Beispiel zwischen Freundschaft und erotischer Liebe, zwischen »Eros« und »Agape« oder zwischen Elternliebe und romantischen Paarbeziehungen. Auch wenn sich Liebe sicherlich in bestimmten Situationen unterschiedlich äußert, so liegen darin doch keine Gegensätze. Das »Prinzip« der Liebe ist sozusagen immer dasselbe. Das gilt sogar auch für die Feindesliebe: Wenn die Liebe einfach als angenehmes, positives Gefühl verstanden wird, ist es unmöglich (oder sogar schädlich), Feinde zu lieben. Aber wenn Liebe als eine Art und Weise gesehen wird, sich in eine persönliche, engagierte Beziehung zu jemandem oder etwas zu setzen, dann kann sich Liebe sehr wohl auch auf »Feinde« richten: Meine Feinde zu lieben, bedeutet dann, dass mir trotz aller Differenzen etwas an ihnen liegt und sie mir nicht gleichgültig sind. Eng verbunden ist die Liebe mit dem **Begehren**, das ebenfalls nicht kontrollierbar ist, dem Menschen aber folgen können oder nicht. Insofern hat man es zwar nicht in der Hand, etwas oder jemanden zu lieben, aber die Liebe ist auch nicht einfach ein Gefühl, das Menschen überwältigt und in der Hand hat, sondern eine kulturelle **Praxis**. Was in einer Gesellschaft über die Liebe gedacht und gesagt wird, nimmt immer auch äußere Formen an, es gibt zum Beispiel Gesetze, Regeln, Moralvorstellungen darüber, wer wen wie und auf welche Weise lieben soll, darf oder nicht darf.

Was jeweils unter Liebe verstanden wird, ist wandelbar. In der griechischen Antike zum Beispiel galt Liebe als relevant auch für das politische Geschehen. Bis zur Romantik wurden Freundschaften unter Männern noch als Formen von Liebe angesehen. Später wurde die Liebe, vor allem in der westlichen Welt, auf die Bedeutung einer exklusiven Mann-Frau-Beziehung mit starker sexueller Komponente verengt und infolgedessen, ebenso wie die »Sphäre der Frauen« und die Sexualität generell, privatisiert.

Dieses Konzept des Mann-Frau-Paares soll heute nach dem Willen vieler erweitert werden, etwa um homosexuelle oder polyamore Beziehungen. Für ein gutes Leben wäre es förderlich, darüber hinaus den engen Fokus auf persönlich-intime Beziehungsformen ganz fallen zu lassen, damit sich die kulturelle und politische Dimension der Liebe besser entfalten kann.

Zum Weiterlesen:

Antje Schrupp: Liebe und Freiheit (Blog: http://liebe.antjeschrupp.de).

Andrea Günter: Weltliebe, Königstein 2003.

Ina Praetorius: »Leidenschaft ist Feindesliebe«, in: Dies.: Immer wieder Anfang, Ostfildern 2011.

Die Bibel: 1. Kor 13.

Matrix

»Matrix« ist ein lateinisches Wort und heißt »Mutterleib«. Der wirkliche Mutterleib, aus dem ein neuer Mensch in die Welt eintritt, ist umgeben von einem Universum aus Wörtern, Gewohnheiten, Herrschafts- und Diskriminierungserfahrungen, Ideologien, Gesten, Geschichten, Bildern, die Teil der oder des **Geborenen** werden, bevor sie oder er selbst zu erzählen anfängt.

Wer **sprechen** und später vielleicht noch lesen und schreiben lernt, stellt fest, dass die Wörter und Weltkonstruktionen, die die Älteren vermittelt haben, auch von weniger vertrauten Menschen verwendet werden und dass sie oft auch in geschriebener Form existieren. Sie stammen also aus einem **Raum**, der über die einzelne Person und ihr individuelles Herkommen hinaus und weit zurück in die Vergangenheit reicht, als Tradition. Auch Traditionen bestehen aus menschlichen Beziehungen, jede ist eine Erzählmatrix, die mit anderen Erzählwolken in Beziehung steht, sich von ihnen nährt und sie ihrerseits beeinflusst. Die Traditionen wiederum sind eingebettet in die Hülle und Fülle der Natur und des Kosmos, ohne die sie nicht da sein könnten.

Jede individuelle Matrix ist unverwechselbar und insofern nicht identisch mit empirisch-soziologisch erfassbaren Daten und Analysen, so sorgfältig erhoben und intersektionell angelegt diese auch sein mögen. Statistische Daten über die Einbettung der Menschen in bestimmte Kontexte können zwar aufklärend wirken, sie können aber niemals das Handeln der in ihrer **Differenz** unverwechselbaren Person vorhersagen.

Verstanden als Teil einer Erzählmatrix lässt sich zum Beispiel ein alter Text lesen wie ein Brief, in dem längst verstorbene Vorfahrinnen oder Vorgänger ihre Erfahrungen mitteilen. Zwar können sie nicht mehr wie Menschen aus der unmittelbaren Umgebung befragt werden, aber es ist möglich, über die aufgeschriebenen Worte mit Zeitgenossinnen in Austausch zu treten, zu lernen, zu forschen, alte Wörter oder Gesten oder Rituale in die persönliche Matrix so einzuflechten, dass sie Sinn ergeben.

So setzen sich Menschen allmählich durch **intervitale Gespräche** in ein Verhältnis zu dem, was sie »mit der Muttermilch aufgesogen« haben und was ihnen »in die Wiege gelegt« wurde. Da jede Matrix stabil und wandelbar zugleich ist, wird das jeweils individuelle Herkommen in Transformationsprozesse einbezogen, aus denen heraus sich neue, zum Beispiel heute postpatriarchale Traditionen bilden.

Da Menschen ihr Leben lang in die Matrix Welt verwoben, also bei aller **Freiheit** zur Weltgestaltung **abhängig** und **bedürftig** bleiben, müssen menschliche Gemeinwesen sich analog zur ersten körperlichen Matrix verstehen. Sie müssen also dafür sorgen, dass alle mit allem Notwendigen versorgt werden, zum Beispiel durch ein existenzsicherndes Grundeinkommen.

Zum Weiterlesen:

Thomas Staubli (Hg.): Vertikale Ökumene. Erinnerungsarbeit im Dienst des interreligiösen Dialogs, Fribourg 2005.

Das Negative

Dass auch das Negative notwendig ist, um den Weg zum guten Leben frei zu machen, kann nicht erkannt werden, solange das Negative mit dem Schlechten oder dem Bösen und das Positive mit dem Guten verwechselt wird. Wo ein kritikloses **Jasagen**, das Weitermachen, das geduldige Warten und Hoffen dazu geführt hat, dass untragbare Zustände aufrecht erhalten werden – in der Partnerschaft, in der Familie, am Arbeitsplatz, im Ehrenamt, aber auch in der Weltpolitik oder in den Beziehungen zwischen Staat und Wirtschaft – braucht es eine negative Entscheidung, damit sich wieder etwas bewegt.

Vermieden wird ein solcher Schnitt meist aus der Angst heraus, jemanden zu verletzen, eine Beziehung zu beschädigen oder gar ihr Ende zu riskieren. Oder aus der Angst heraus, ein mühsam aufrecht erhaltenes Machtgleichgewicht zu gefährden.

Ein Nein ist beispielsweise notwendig, wo die Fortsetzung eines einst freien **Gebens** eingefordert wird, als hätte die beschenkte Person ein Recht darauf, wie das bei erwachsen werdenden Kindern oder in einer Partnerschaft oft der Fall ist. Hier mit dem Schenken aufzuhören, ermöglicht die Freiheit des **Verhandelns**, die der **Tausch** bietet, und gibt mir die Wahlfreiheit zwischen Schenken und Tauschen zurück.

Wenn ich aufhöre, eine Freundin, die regelmäßig bei mir ihren Kummer und ihre Sorgen ablädt, aber nichts verändern will, mit Ermutigungen und Vorschlägen zu überschütten, bin ich entlastet und nicht mehr so frustriert. Und möglicherweise führt mein Nein auch dazu, dass sie selbst aktiv wird oder sich zumindest an eine Person wendet, der sie **Autorität** zuspricht und mit deren Ratschlägen sie sich folglich auch ernsthaft auseinandersetzt. Der Ausstieg aus einer Arbeit oder einem freiwilligen Engagement, in denen ich nur noch halbherzig tätig bin, kann notwendig sein, damit ich wieder mit meinem **Begehren** in Kontakt komme und herausfinden kann, was ich eigentlich tun möchte.

Beispiele für ein fruchtbares Nein im politischen Bereich sind das Nein der Bevölkerung im Kaiserstuhl zur Atomkraft, das tatsächlich den Bau eines Atomkraftwerks in Wyhl verhindern konnte, und das Nein der isländischen Regierung in der Finanzkrise, die Auflagen der Banken zu erfüllen.

Auch Vergessen und Wegwerfen sind notwendige Aspekte des Negativen, wenn Raum für Neues geschaffen werden muss, was besonders beim **Aufräumen** wichtig ist.

Zum Weiterlesen:

Diotima: La magica forza del negativo, Napoli 2005.

Dorothee Markert: Die magische Kraft des Negativen (www.bzw-weiterdenken.de/2008/10/die-magische-kraft-des-negativen/).

Notwendigkeit

Notwendigkeit wurde seit der Antike und wird auch heute noch oft als Gegensatz zur **Freiheit** gedacht. Diejenigen, die das Notwendige taten, waren Frauen und Sklaven. Als vollgültige Menschen wurden nur die Männer angesehen, die gleichzeitig auch Bürger waren.

Die Sphäre des Notwendigen zu delegieren und auszugrenzen, ermöglichte es diesen »freien« Bürgern, Politik zu betreiben (wie es etwa Aristoteles in der *Metaphysik* ausführt). Die Politik war also in Wahrheit strukturell und damit auch grundsätzlich abhängig von den **Haushalten**. Diese **Abhängigkeit** wurde aber nicht gesehen und reflektiert, sondern die durch die Haushalte bereitgestellten Annehmlichkeiten wurden einfach als selbstverständlich vorausgesetzt.

Dass das Lebensnotwendige getan wurde, war die Grundlage des guten Lebens auf der Polis – es wurde an sich aber nicht wertgeschätzt. Bis heute fließen zum Beispiel unentgeltliche Haus- und Fürsorgearbeiten (**Care**) nicht in ökonomische Wohlstandsberechnungen, etwa das Bruttosozialprodukt, ein.

Wie alle anderen Traditionen, so ist auch diese nicht unveränderlich, sondern kann durch Nachdenken über die Bedeutung des Notwendigen verändert werden. Indem wir den Haushalt aus der rein privaten Sphäre »heraus denken«, wird auch das Notwendige öffentlich sichtbar. Dass notwendige Tätigkeiten erledigt werden, kann so nicht nur als Voraussetzung für gutes Leben betrachtet werden, sondern als Teil des guten Lebens selbst.

Wer etwas Notwendiges tut, zum Beispiel sich um ein Baby, das schreit, kümmert, ist nicht unfrei. Vielmehr gehört das Notwendige unverzichtbar zum guten Leben dazu und verweist auf die grundsätzliche Abhängigkeit aller von allen. Das Tun des Notwendigen ist nicht nur mit Freiheit vereinbar, sondern beides fällt letztlich in eins.

Zum Weiterlesen:

Hannah Arendt: Vita activa oder Vom tätigen Leben, München und Zürich 1998 (Erstausgabe 1958) (Zur Beschreibung der Verhältnisse in der Antike).

Ina Praetorius: Die Welt: Ein Haushalt, Mainz 2002.

Antje Schrupp: »Über das Müssen. Für eine andere Philosophie der Pflicht«, in: Dies.: Was wäre wenn?, Königstein 2009.

Orte

Vertraute Orte bieten **Zugehörigkeit** und Heimat. Ortsveränderungen können aber auch **Freiheit** und müssen nicht Entwurzelung bedeuten. Wenn nach dem »Lieblingsort« gefragt wird, fällt den meisten Menschen etwas dazu ein.

Das Denken der Geschlechterdifferenz hat uns gelehrt, vermeintlich »neutrale« Orte als patriarchale Männerorte zu entlarven: Universitäten, Kirchen, Wirtschaftsunternehmen, Parlamente. Obschon inzwischen Frauen die »höheren Weihen« an den meisten dieser Orte empfangen können, machen sie häufig die Erfahrung, am »falschen Ort« zu sein, eingedrungen in einen **Raum**, in dem sie die überkommene männlich-patriarchale Ordnung stören. Deshalb entstand die **Praxis** der Frauenbewegung, deklarierte Frauenorte zu schaffen, die nicht vom männlich Imaginären besetzt sind und wo das weibliche **Begehren** sich artikulieren und reflektiert werden kann. Weil Menschen als unterschiedliche Geschlechter und in Generationen zusammenleben, braucht es auch Orte im **Dazwischen**, wo gemeinsam Beiträge zur Gestaltung der Welt und zum Sinn **verhandelt** werden.

Orte des Politischen sind Orte, wo Menschen sich zusammenfinden, über ihr Persönliches hinauswachsen und bewusst das in den Blick nehmen, was alle angeht. Dieser Ort kann ein Küchentisch sein, der Stammtisch in einer Kneipe, ein runder Tisch in einem Stadtteil, ein öffentlicher Platz. Auch soziale Medien (Facebook, Twitter, Blogs) können Orte des Politischen sein für Menschen, die weit voneinander entfernt leben.

»Unpersönliche Orte« oder »Orte des Unpersönlichen« (so eine Formulierung von Richard Sennett) sind öffentliche Orte oder Plätze – die es oft erst noch zu schaffen gilt –, wo sich verschiedene gesellschaftliche Gruppen, die in einer Stadt leben, mischen, ohne dass es zu persönlichen Kontakten kommen muss. Menschen sind hier von ihrer »Identitätsbürde« als Angehörige einer Klasse, Schicht, Berufsgattung entlastet. Hier können sie sich anders zeigen als in ihrem privaten oder beruflichen Umfeld. Sie erfahren sich als Menschen unter Menschen, als Teil eines Gemeinwesens.

In der sich globalisierenden Welt gibt es viele Orte, die sich ähneln und in denen sich die Menschen mittels Piktogrammen orientieren: Bahnhöfe, Flughäfen, Warenhäuser, internationale Verpflegungs- und

Hotelketten. Sie werden häufig, etwa in soziologischen Diskursen, als »Nicht-Orte« bezeichnet. Aber auch, wenn die Vereinheitlichung lokaler Kulturen im Zuge der Globalisierung problematische Aspekte hat, handelt es sich hierbei um durchaus reale Orte, zu denen zum Beispiel Menschen, die, aus welchen Gründen auch immer, häufig und weltweit herumreisen (müssen), eine Vertrauensbeziehung entwickeln können. Sie finden sich dann problemlos in ihnen zurecht und erfahren dort eine Art Heimat.

Dieses Bedürfnis nach vertrauten Orten machen sich mächtige Institutionen gern für ihre eigenen Zwecke zunutze. Wir können dieses Bedürfnis aber auch selbst aufnehmen, um mitten in einer Stadt, mitten in einem Viertel einen Ort des guten Lebens zu schaffen, der jederzeit für alle öffentlich zugänglich ist. Wo kein Konsumzwang besteht, wo keine Eingangs- oder Ausgangskontrolle stattfindet, wo jede und jeder willkommen ist, woher er auch kommt, wer immer sie auch ist, ob mit den lokalen Gegebenheiten und der Landessprache vertraut oder nicht.

Öffentliche Labyrinthplätze zum Beispiel, wie sie in den vergangenen zwanzig Jahren in vielen Regionen entstanden sind, die alle eine ähnliche Struktur aufweisen, kommen diesem Bedürfnis nach »Heimat in der Fremde« entgegen.

Zum Weiterlesen:

Richard Sennett: »Die neue politische Ökonomie und ihre Kultur«, in: Daniel Ganzfried, Sebastian Hefte (Hgg.): Hannah Arendt. Nach dem Totalitarismus, Hamburg 1997

Marc Augé: Orte und Nicht-Orte. Vorüberlegungen zu einer Ethnologie der Einsamkeit, Frankfurt am Main 1994.

Agnes Barmettler u.a.: Erzähl mir Labyrinth. Frauenkultur im öffentlichen Raum. 20 Jahre Labyrinthplatz Zürich, Rüsselsheim 2011.

Praxis

Praxis wurde in der vergehenden Ordnung überwiegend als Ausführung eines theoretischen Konzeptes verstanden, wobei die Theorie der Praxis übergeordnet war. Diesen Dualismus erkennen wir nicht an.

Ein Gegensatz zwischen Theorie und Praxis entsteht nur dort, wo Handeln als Herstellen missverstanden wird, wo also Ideen durch bestimmte Techniken, Methoden und Programme umgesetzt, also einem vorgestellten Bild entsprechend in die Wirklichkeit implantiert werden sollen. Auch der Gedanke, dass eine Maßnahme die Lösung eines Problems sei – also, handwerklich gedacht, einen Defekt repariert –, kommt aus der Herstellungslogik.

Dem guten Leben können wir uns nur durch Praxis, besser noch, durch Praktiken annähern, die eng mit dem Nachdenken über diese Praktiken und ihre Auswirkungen verbunden sind. Praktiken sind Vereinbarungen, etwas anders zu machen als bisher, die dadurch entstehenden Veränderungen gemeinsam zu betrachten (**Innehalten**) und die Praxis immer wieder neu zu gestalten, entsprechend der **Qualität** der Erfahrungen im Veränderungsprozess.

Praxis bedeutet also nicht, bestimmte Programme im Voraus festzulegen und dann Stück für Stück umzusetzen, sondern in die Welt hinein zu handeln, und zwar im Bewusstsein der **Unvorhersehbarkeit** und Nichtplanbarkeit des Ausgangs.

Eine Praxis der Frauenbewegung der 1970er-Jahre war es, sich nur unter Frauen zu treffen. Diese Praxis hat viele wichtige Veränderungen in Gang gesetzt. Doch dort, wo sie zu einem Dogma wurde, wo Frauen den Separatismus als Lösung für ihre Probleme mit dem anderen Geschlecht betrachteten und dauerhaft an ihm festhielten, gab es in diesem Rahmen keine Entwicklung mehr in Richtung auf ein gutes Leben für alle.

Zum Weiterlesen:

Chiara Zamboni: Ein philosophischer und politischer Streit über das Verständnis von Praxis (www.bzw-weiterdenken.de/2007/03/ein-philosophischer-und-politischer-streit-uber-das-verstandnis-von-praxis/).

Qualität

Wenn wir vom »guten Leben« sprechen, meinen wir damit etwas Qualitatives. In der vom Gewinn- und Wachstumsdenken geprägten Ordnung wird Qualität oft mit Quantität verwechselt: »Gut leben« bedeutet umgangssprachlich, sich materiell viel leisten zu können. Ob eine Vortragsreihe gut war, wird daran gemessen, ob viele Zuhörer und Zuhörerinnen kamen, und nicht an der Qualität der dabei stattfindenden Gespräche. Als gute Bücher gelten die, die oft verkauft werden.

Aber auch wenn an der Quantität orientierte Bewertungen allgegenwärtig sind, wissen Menschen eigentlich sehr genau, was für sie eine gute Qualität ausmacht. Sie haben damit einen anderen Maßstab zur Verfügung, durch den sie sich immer wieder vom quantitativen Denken lösen können. Wo gute Qualität erfahren wird, endet die Sucht nach Mehr, hier machen Menschen die Erfahrung des »**Genug**«.

Qualität ist etwas **Unverfügbares**, das entstehen kann, wenn Menschen, die sich an ihrem **Begehren** ausrichten, durch immer wieder neue **Praktiken** bemüht sind, Veränderungen zu erreichen, um dem näherzukommen, was sie sich für ihr Leben und die gemeinsame Welt wünschen.

Das Wort »Qualität« ist dort zu einem »verbrauchten Wort« geworden, wo es im Kontext einer Herstellungslogik gebraucht wird, wie es etwa in der Zusammensetzung »Qualitätsmanagement« geschieht. Dort wird davon ausgegangen, dass Qualität »machbar« sei, und oft ist das Ziel zudem eher ein ökonomischer Einsatz von Zeit, Arbeitskraft und Geld und nicht wirklich die Qualität der Arbeit, der Beziehungen und der jeweiligen Institution.

Zum Weiterlesen:

Chiara Zamboni: Unverbrauchte Worte, Rüsselsheim 2004.

Chiara Zamboni: »Der Materialismus der Seele«, in: Diotima u.a.: Die Welt zur Welt bringen, Königstein 1999.

Räume

Der Raum ist keine objektive »Tatsache«, sondern immer ein Bereich zwischen Dingen, Menschen und anderen Lebewesen. Da wir als viele die Erde bewohnen, leben wir immer in Zwischenräumen. Im Unterschied zum Freiraum, der Autonomie suggeriert, verweist der Zwischenraum (das **Dazwischen**) auf Beziehungen, die von unterschiedlichen Intensitäten geprägt sind.

Die Achtung des Zwischenraums ist eine wesentliche Voraussetzung, um ein Leben in Würde zu garantieren. Räume sind nach einer bestimmten Ordnung strukturiert, die die Menschen im Laufe der Zeit verändern und gestalten, zum Beispiel **aufräumen** können. Die Qualität eines Raumes zeigt sich darin, ob dort Vorstellungen von Ordnung verwirklicht werden können, die der **Notwendigkeit** dienlich sind und dem **Begehren** Platz bereiten. In diesem Sinn gepflegte Räume bieten Sicherheit, Geborgenheit und das Gefühl von **Zugehörigkeit**. Hier können Kulturen wachsen und gestaltet werden und entsprechend gut gedeihen.

Für ein gutes Leben ist es aber wichtig, dass die Grenzen dieser Räume nicht zu starren Abschottungen werden, an denen Privilegien verteidigt und Hierarchien gefestigt werden. Sie sollten vielmehr durchlässig und beweglich bleiben und den Blick auf die Welt frei lassen.

Scheiße

Das Produzieren und Hinterlassen von Scheiße ist ein für Menschen und Tiere unvermeidbarer Lebensvollzug, der in **Sprache** und Öffentlichkeit weitgehend verdrängt und unsichtbar gemacht wird. Scheiße ist das, was (fast) immer weggemacht werden muss und womit niemand zu tun haben möchte.

Das zeigt auch der Gebrauch des Wortes »Scheiße«, das – im Deutschen und in vielen anderen Sprachen – häufig als Schimpfwort oder als spontaner Ausruf bei Missgeschicken und Schwierigkeiten zum Einsatz kommt, oder als Ausdruck für Frustration, Ärger und alles, was schlecht ist. Während der metaphorische Gebrauch des Wortes »Scheiße« in den letzten Jahren wahrnehmbar zunimmt, bleibt die als

Verdauungsprodukt von Menschen und Tieren durch den Darm ausgeschiedene reale Scheiße tabuisiert.

Dabei ist unbestritten, dass alle Menschen nicht nur essen und trinken, sondern auch Blase und Darm entleeren, also pissen und eben scheißen müssen. Vieles, was sich über den Einfluss des **Essens** auf unsere Lebensqualität sagen lässt, gilt folglich auch für den Umgang mit Scheiße. So ist neben dem Mangel an Nahrung und sauberem Wasser auch der Mangel an Toiletten ein globales Problem.

Obwohl auch aus Sicht sozialmedizinischer und historischer Forschung klar ist, dass die Einführung der Kanalisation beziehungsweise sanitärer Anlagen gemeinsam mit der Errichtung von Wasserleitungen – wie sie gegen Ende des 18. Jahrhunderts in Europa umgesetzt wurde – einen maßgeblichen Beitrag zur Lebenserwartung und zur Lebensqualität von Menschen leistet und dass deren Fehlen zu Epidemien mit schwerwiegenden gesundheitlichen und gesellschaftlichen Folgen führt, wird die Frage der Entsorgung von Scheiße in vielen Projekten der Entwicklungszusammenarbeit nach wie vor (scheinbar) vergessen. Erst seit wenigen Jahren machen Initiativen wie die World Toilet Organisation auf diese Problematik aufmerksam. Noch immer leben vierzig Prozent der sieben Milliarden **Würdeträgerinnen und Würdeträger** dieser Welt ohne angemessene Toiletten.

Die Tabuisierung der Scheiße verhindert jedoch nicht nur den Ausbau von überlebensnotwendigen Sanitärsystemen, sie verstellt auch den Blick auf andere wichtige Lebensvollzüge und Tätigkeiten. Und sie verhindert, dass Scheiße als Grundlage des Lebens, das aus einem Kreislauf aus Essen, Verdauen, Scheißen, Bodenfruchtbarkeit verbessern, Pflanzen ernähren, Essen erzeugen besteht, anerkannt wird.

Die Tatsache, dass Scheiße als Dünger neue Nahrung entstehen lässt, ist ein weiterer Beleg dafür, dass wir mit allem Leben auf Kooperation angelegt sind. Dabei erkennen sich die Menschen selbst als in den Kreislauf des Lebens eingebundene **bedürftige**, von anderen **abhängige**, **körperliche** und vergängliche Wesen.

Der (gute) Umgang mit Scheiße ist also genauso **notwendig** wie deren Produktion. Scheiße und den Umgang damit explizit zu benennen und sichtbar zu machen, bedeutet, essentielle und in der herrschenden Ordnung wenig beachtete Lebensvollzüge und Sphären, wie **Haushalt**, Landwirtschaft, Pflege und Reinigung (siehe Care), ins Zentrum des Denkens und Handelns zu setzen. Es besagt, sich systematisch mit deren Bedeutung und der Bedeutung der damit verbundenen Tätigkeiten auseinanderzusetzen – ebenso wie mit der Bedeutung der Menschen, die diese Tätigkeiten ausführen.

Um eine solche Auseinandersetzung zu stärken, braucht es auch eine Theorie, eine Ökonomie und eine Ethik der Scheiße. Einige von uns Autorinnen haben damit unter dem Schlagwort »Scheißologie« bereits **angefangen**.

Zum Weiterlesen:

Antje Schrupp, Ina Praetorius, Michaela Moser, Ursula Knecht: Reden wir mal über Scheiße (Videoreihe: www.bzw-weiterdenken.de/2010/08/reden-wir-mal-uber-scheise/).

Ina Praetorius: First steps toward a theory of shit, 2010 (www.pelicanweb.org/solisustv06n12page2inapraetorius.html).

Florian Werner: Dunkle Materie. Die Geschichte der Scheiße, München 2011.

Schönheit

Zu einem guten Leben gehört es, Schönheit wahrnehmen, über sie **staunen** und sich an ihr freuen zu können. Schon frühe Kulturzeugnisse zeigen, dass Menschen immer schon sich selbst, ihre Umgebung und die von ihnen hergestellten Dinge geschmückt haben. Der Wunsch, Schönes zu schaffen, zeigte sich besonders auch im Kontext von Religionen, als Ausdruck der **Dankbarkeit** für die Schönheit der Schöpfung.

Immer wieder haben soziale Bewegungen, denen die Gerechtigkeit am Herzen lag und die sich für das gute Leben aller einsetzten, den Wunsch nach Schönheit bekämpft. Sie zerstörten schöne Dinge, weil sie für sie die Ausbeutungsverhältnisse repräsentierten, unter denen sie entstanden waren.

Schönheit und Luxus liegen oft nahe beieinander: Viele schöne Dinge, die überliefert wurden, Kultgegenstände, Gebäude, Bilder, aber auch Musik, Tanz, Theater und Dichtung wurden dort geschaffen, wo es großen Reichtum Einzelner oder einer Institution gab, beispielsweise beim Adel oder in der Kirche, später beim reichen Bürgertum.

Weniger überliefert und beachtet wurde und wird die Schönheit bei Dingen des täglichen Gebrauchs: Handarbeiten wie Patchwork-Decken, die Verzierung von Torten und Gebäck, die Gestaltung von Wohnräumen und Gärten, die Verschönerung von Arbeitsplätzen.

Doch gerade diese »alltägliche« und beziehungshafte Schönheit ist wichtig für das gute Leben. Sie ermöglicht und stärkt auch die Liebe zu den Dingen, die Voraussetzung dafür ist, dass Menschen die Mühe des Pflegens und Reparierens gern auf sich nehmen und damit der Ressourcenverschwendung entgegenwirken, zu der sie von der Konsumindustrie gedrängt werden.

Wenn sich Menschen darum bemühen, Schönheit in ihr Alltagsleben zu bringen, trägt das meistens auch zum guten Leben aller bei. Dass nicht nur »Brot«, sondern auch »Rosen« wichtig sind, war nicht zufällig ein Slogan streikender Arbeiterinnen, den die Frauenbewegung aufgegriffen hat.

Mode- und Unterhaltungsindustrie vermitteln Bilder von vorgeblich idealer Schönheit von Menschen, vor allem von Frauen, aber neuerdings auch zunehmend von Männern. Sie fordern dazu auf, den eigenen **Körper** entsprechend dieser »Ideale« umzugestalten, ohne Rücksicht auf seine Gesundheit. Die in diesem Zusammenhang wirksamen Vorstellungen von Schönheit sind hauptsächlich an dem ausgerichtet, was Frauen in den Augen vieler Männer sexuell attraktiv macht. Denn eine in diesem Sinne »schöne« Frau zu besitzen, gilt in der Männerkultur immer noch als Statussymbol, ebenso wie der Besitz eines schönen Autos. Die Schönheit von Frauen ist hier ein Attribut von Macht und Reichtum.

Doch wirkliche Schönheit von Menschen lässt sich nicht herstellen. Sie zeigt sich dort, wo Menschen in ihrem Körper präsent und lebendig sind, sie zeigt sich in ihrem Ausdruck und in ihrer Ausstrahlung. Und sie zeigt sich vor allem dann, wenn Menschen sie aneinander wahrnehmen, weil sie aufeinander **bezogen** sind oder sich vielleicht sogar **lieben**.

Zum Weiterlesen:

Alice Walker: Auf der Suche nach den Gärten unserer Mütter, München 1989.

Sowohl als auch

Wer sowohl für Mindestlöhne als auch für ein bedingungsloses Grundeinkommen ist, kann schnell Schwierigkeiten bekommen, das zu **vermitteln**. In der gängigen Logik der alten symbolischen Ordnung sind Mindestlöhne und Grundeinkommen nämlich Begriffe aus zwei verschiedenen Weltanschauungen; sie widersprechen einander und sind unvereinbar. Die Forderung nach Mindestlöhnen ist eine sehr wichtige Forderung innerhalb des alten Systems. Der Wunsch, ein bedingungsloses Grundeinkommen für alle einzuführen, ist Ausdruck des Bestrebens, ein anderes System zu schaffen. Wie kann jemand gleichzeitig für das eine und für das andere sein?

An Beispielen wie diesem zeigt sich, dass das Denken des »Sowohl als auch« eine Möglichkeit ist, sich aus der alten symbolischen Ordnung zu lösen, also auch von einem Denken in Zweiteilungen, in Dichotomien. Wenn ständig Entscheidungen erzwungen werden zwischen gut oder schlecht, abhängig oder frei oder eben auch Mindestlohn oder Grundeinkommen, ist eine Denkstruktur vorgegeben, die einengt und in der manche Gedanken keinen Raum finden oder wirr und ver-rückt erscheinen.

Durch die Erneuerung der symbolischen Ordnung entsteht eine Spannung, die zu vermeintlichen Widersprüchen führt, denen mithilfe des Denkens des »Sowohl als auch« begegnet werden kann. Es ist zurzeit üblich, die Welt als Markt anzusehen (und nicht als **Haushalt**) und daher marktwirtschaftliche Phänomene und Regeln als gegeben anzunehmen. Innerhalb dieses Systems kann, um eine möglichst gerechte Ressourcenverteilung im Sinne eines **Genugs** für alle zu erreichen, für Mindestlöhne eingetreten werden. Sobald die Welt jedoch als Haushalt betrachtet und die grundsätzliche **Abhängigkeit** aller von allen als selbstverständlich angenommen wird, kann stattdessen die Idee eines Grundeinkommens für alle vertreten werden. Das Denken des »Sowohl als auch« ermöglicht es, Mindestlöhne und Grundeinkommen positiv zu bewerten, auch wenn sie scheinbar entgegengesetzte Positionen abbilden.

Das Denken des »Sowohl als auch« ist gerade an den Rändern bestehender Diskurse sinnvoll. Im Allgemeinen gibt es einen bestimmten Diskurs, eine Denkweise, die das Denken einer bestimmten Zeit dominiert. Ein Beispiel hierfür wäre die Aufklärung, oder, zu unserer Zeit, das ökonomische Denken. Es gibt jedoch immer auch andere Möglichkeiten, etwas zu denken. Um diese wahrzunehmen, kann das »Sowohl als auch« hilfreich sein.

Ein weiteres Beispiel ist der Begriff der »Arbeit«. Arbeit muss im Denken des »Sowohl als auch« weder negativ als Last noch positiv als Erfüllung betrachtet werden. Vielmehr wird es möglich, zu schauen, was Arbeit alles bedeuten kann: Sie ist sowohl sinnvolle **Tätigkeit** als auch Mittel zum Lebensunterhalt (und vermutlich noch anderes mehr).

Es geht bei all dem nicht darum, Widersprüche und Schwierigkeiten innerhalb einer bestimmten Denkweise zu leugnen und auf eine beliebige Weise »alles gut« zu finden. Vielmehr kann das Denken des »Sowohl als auch« einen befreienden Einfluss haben, indem es neue Sichtweisen erst ermöglicht und festgesetzte Denkweisen auflockert.

Sprache

Die Sprache ist für die Menschen der Eintritt in die symbolische Ordnung: Durch die »Muttersprache« erhalten die umgebenden Dinge für Kinder einen Namen. Insofern Kinder der Mutter, dem Vater und anderen Bezugspersonen vertrauen, nehmen sie die Sprache in Beziehung zu diesen auf. Sprechen zu können ist die Voraussetzung dafür, mit anderen über die eigenen Wünsche **verhandeln** zu können.

Die Sprache hat eine starke Kraft, die Erwachsene manchmal wenig beachten. Indem sie sich bemühen, in der **Welt** zu leben, passen sie ihre Sprache und ihr Sprechen an die Konventionen an. Ein **Innehalten** und aufmerksames Bedenken scheinbar alltäglicher Wörter kann neue Denkweisen anstoßen.

Zum Beispiel könnten die Begriffe Fürsorgeabhängige, Sozialhilfeempfänger, Arbeitnehmerin und Arbeitsloser einmal neu bedacht werden. Wenn wir doch alle von der Fürsorge anderer abhängig sind, welchen Sinn hat es dann, diesen Begriff speziell für bestimmte Gruppen von Menschen zu verwenden? Was verändert sich, wenn wir nicht von der Sozialhilfeempfängerin sprechen, sondern von der Sozialhilfenehmerin? Das »Nehmen« als Bestandteil des Wortes könnte aufzeigen, dass ein Geben (siehe auch **Gabe**) immer erst mit der Annahme beendet ist und dass also auch das Annehmen eine aktive Tätigkeit ist. Das Wort »Empfangen« hingegen ruft die Assoziation von Almosen hervor, es suggeriert Passivität. Arbeit zum Beispiel wird im derzeit üblichen Sprachgebrauch ja auch »genommen« und nicht »empfangen«.

Ein anderes Beispiel: Was genau fehlt eigentlich einer Person, die »arbeitslos« ist? Ist es wirklich die Arbeit im Sinne von **tätig sein**? Oder fehlt ihr vielleicht einfach nur ein Einkommen? Durch das Nachdenken über Begriffe und die Verbreitung neuer und eigener

Benennungen können wir das Sprechen über die Welt und damit die Welt beeinflussen.

Unsere bisherige Sprache hat unsere Sicht der Dinge, der Welt, unserer selbst entscheidend mitgeprägt. Wenn wir nun beginnen, neue, andere Wörter in die Welt zu setzen (nicht alle auf einmal, sondern nach und nach und zunächst kaum merklich), dann verändern wir auch unsere Wahrnehmungen und diejenigen der anderen. Das müssen nicht immer ganz neue Wörter sein, manchmal sind auch neue Bedeutungen der gewohnten Wörter interessant.

Das Erlernen anderer Sprachen, so genannter »Fremdsprachen«, kann dabei unterstützend wirken. Denn in anderen Sprachen gibt es andere Wörter, die Ausdruck sind von anderem Denken. Dafür aufmerksam zu werden, gibt Impulse für die eigene Verwendung von Sprache.

Das vorliegende ABC ist als Ganzes ein Versuch, bekannte Wörter neu zu denken und neue Wörter zu finden. Geläufig werden diese Wörter und ihre neuen Bedeutungen jedoch erst durch eine andere **Praxis** des Sprechens. Mit der Zeit verändert sich dann auch das Denken und damit die Welt.

Zum Weiterlesen:

Luise F. Pusch: *Deutsch auf Vorderfrau. Sprachkritische Glossen*, Wallstein 2011 (und zahlreiche andere Bücher und Veröffentlichungen zur feministischen Sprachkritik).

Ulrike Bail, Frank Crüsemann, Marlene Crüsemann, Erhard Domay, Jürgen Ebach, Claudia Janssen, Hanne Köhler, Helga Kuhlmann, Martin Leutzsch und Luise Schottroff (Hg.Innen): *Bibel in gerechter Sprache*, Gütersloh 2005.

Chiara Zamboni: *Unverbrauchte Worte. Frauen und Männer in der Sprache*, Rüsselsheim 2004.

Chiara Zamboni: »Simone Weil: Die Muttersprache als Kontakt mit der Transzendenz ist wesentlich für Politik«, in: Ingeborg Nordmann, Antje Schrupp, Mechtild M. Jansen (Hg.innen): *Weibliche Spiritualität und politische Praxis*, Rüsselsheim 2004.

Antje Schrupp: »Die Realität bewegen: über den Zusammenhang von Sprache und Autorität«, in: Dies.: *Was wäre wenn?*, Königstein 2009.

Andrea Günter: *Heilende Zeiträume. Mutter Sprache Sinn*, Rüsselsheim 2002.

Staunen

Wenn jemand auf etwas Neues, Schönes oder überraschend Anderes trifft, überfällt ihn oder sie zunächst Staunen. Die Wahrnehmung der erstaunlichen **Schönheit** oder Verschiedenheit eines Dinges oder einer Person berührt und bewegt die »empfindsame Materie« des

Körpers, mit dem Menschen die Welt um sich herum wahrnehmen, und weckt in ihnen eine Reaktion.

Staunen führt zu einer Unterbrechung der täglichen Routine. Es provoziert ein **Innehalten**, damit dieses Andere, von dem die Staunende nicht viel weiß, betrachtet werden kann. Das Staunen schafft ein **Dazwischen**, sowohl als Zwischen-Raum (zwischen dem Subjekt selbst und dem »erstaunlichen« Anderen) als auch als Zwischen-Zeit (die Zeit, die zwischen dem Davor und dem Danach der Begegnung liegt). Staunen bewirkt, dass wir uns über das Anderssein der anderen wundern, uns fragen, was das Staunen ausgelöst hat, wer die andere ist. Und es regt auch an, zu fragen: Wer bin ich eigentlich selbst?

Denn auch die Staunende muss darüber nachdenken, warum sie so überrascht ist, und was ihr so neu, unbekannt und verschieden vorkommt. Auf diese Weise wird nicht nur die vorgefasste Meinung über andere destabilisiert, sondern auch die Selbstwahrnehmung. In beiderlei Hinsicht bewahrt das Staunen vor vorschnellem Urteilen und davor, die andere zu rasch in eine bestimmte Ordnung des bereits Bekannten einzusortieren.

Die Leidenschaft des Staunens wird häufig nur dann bemerkt oder erörtert, wenn wir etwas wirklich Außergewöhnliches wahrnehmen, also etwas, das das uns Vertraute klar übersteigt. Da Staunen aber der erste Schritt für jedes respektvolle Sich-aufeinander-Beziehen ist, sollte es auch im Netzwerk unserer alltäglichen Beziehungen **praktiziert** werden.

Staunen bekommt somit eine profunde ethische Dimension. Es öffnet das eine Subjekt für das andere und bewirkt, dass es im Prozess des Sich-Annäherns innehält, dass es die Grenzen der oder des anderen nicht überschreitet, sondern diese erkennt und anerkennt.

Das Staunen ermöglicht Subjekten, sich in ihrer Einzigartigkeit zu entfalten, das sich im Staunen öffnende Dazwischen zu betreten und in diesem Prozess in einen **intervitalen Dialog** darüber zu treten, was für beide von Interesse ist.

Zum Weiterlesen:

Luce Irigaray: Ethik der sexuellen Differenz, Frankfurt 1991.

Anne Claire Mulder: »Eine Ästhetik des Dazwischen: Die ethische Conditio sine qua non eines friedlichen Zusammenlebens«, in: Michaela Moser, Ina Praetorius (Hg.innen): Welt gestalten im ausgehenden Patriarchat, Königstein 2003.

Anne Claire Mulder: Eine Ethik des Dazwischen (http://www.bzw-weiterdenken.de/2011/02/eine-ethik-des-dazwischen/).

Ina Praetorius: Abschied von der Logik des Selben (http://www.bzw-weiterdenken.de/2009/11/abschied-von-der-logik-des-selben/).

Tätig sein

Der Wunsch, in irgendeiner Weise tätig zu sein, ist wohl allen Menschen gemeinsam. Das je eigene **Begehren** kann die Vorliebe für bestimmte Tätigkeiten bestimmen, ist jedoch nicht identisch mit der Tätigkeit selbst. Zum Beispiel kann mein Begehren, in der Welt etwas für Kinder zu bewirken, dazu führen, dass ich mich in einer medizinisch tätigen Nichtregierungsorganisation engagiere, oder auch, dass ich in meinem Wohnort einen Kinderchor gründe.

Die Einteilung des Tätigseins in Kategorien wie Arbeit, Hobby, Ehrenamt oder Beschäftigung kann zu viel Verwirrung führen, da der Eindruck entsteht, es handle sich um ganz unterschiedliche Bereiche, die auch unterschiedlich bewertet werden müssten. Eigentlich handelt es sich jedoch immer um menschliches Tätigsein. Die Einteilung und

Bewertung ist etwas Sekundäres, das durch das marktwirtschaftliche System geprägt ist. So erscheint in dieser symbolischen Ordnung die Arbeit für Geld als etwas sehr Wichtiges, während die anderen Bereiche, wie Hobby oder Ehrenamt oder auch **haushaltliche** Tätigkeiten, als weniger bedeutsam angesehen werden. Für ein gutes Leben der Einzelnen und aller sind jedoch gerade diese nicht bezahlten Tätigkeiten oft die wichtigsten.

Vor dem beschriebenen Hintergrund wurde als eines der Menschenrechte das Recht auf Arbeit definiert. Gemeint sind hier jedoch eigentlich zwei verschiedene Rechte:

– das Recht auf sinnvolle Tätigkeit (wobei »sinnvoll« gemäß dem je eigenen Begehren für jede und jeden etwas anders sein kann) und

– das Recht auf ausreichendes Einkommen (Geld im marktwirtschaftlichen System).

Die Vorstellung, jede sinnvolle Tätigkeit habe auch einen angemessenen Geldwert, hat sich als falsch erwiesen. Wenn die beiden Bereiche Tätigsein und Einkommen getrennt werden, kann viel für das gute Leben getan werden. Ein bedingungsloses Grundeinkommen könnte beispielsweise das Einkommen sichern und somit gleichzeitig ermöglichen, dass die Person, die es erhält, eine für sie (und ihr Umfeld) sinnvolle geschenkte Arbeit verrichten kann.

Zum Weiterlesen:

Dorothee Markert: Die Freude am Schenken bewahren. Das Ehrenamt als bedrohte Kostbarkeit (http://www.bzw-weiterdenken.de/2010/11/die-freude-am-schenken-bewahren-das-ehrenamt-als-bedrohte-kostbarkeit/).

Hannah Arendt: Vita activa oder Vom tätigen Leben, München und Zürich 1998 (Erstausgabe 1958).

Antje Schrupp: »Was ist Arbeit?« und »Mit Freude und Sinn«, beide in: Dies.: Was wäre wenn?, Königstein 2009.

Tausch

Tauschen ermöglicht **Freiheit**, weil es mir erlaubt, mit Menschen zu **verhandeln** und von ihnen Dinge zu bekommen, ohne dass ich mit ihnen eine langfristige Beziehung eingehen muss. Ich muss mich nicht in **Abhängigkeit** von der Person begeben, die etwas hat, was ich möchte, sondern ich kann ihr einen Tausch anbieten. In einem Tauschverhältnis sind Anfang und Ende eindeutig festgelegt.

Die Freiheit, zu schenken, besteht nur in einer Gesellschaft, in der es eine Wahl zwischen Schenken und Tauschen gibt. In Berichten über »Gabegesellschaften« ist meist viel von der (manchmal mit starkem moralischen Druck verbundenen) Verpflichtung zum Schenken die Rede, die jedoch wenig Raum für freie Entscheidungen lässt. Um die Freiheit zu erhalten, die Tausch und **Gabe** jeweils ermöglichen, ist es wichtig, Tauschen und Schenken und die »Regeln«, die dort jeweils gelten, gut zu unterscheiden.

Wenn ich den Tausch wähle, kann und sollte ich die für mich besten Bedingungen aushandeln. Ich kann fordern, dass sie erfüllt werden, notfalls sogar mit rechtlichen Mitteln, also mit staatlichem Zwang. Wenn mir die Ware oder Dienstleistung nicht gefällt oder wenn die vereinbarte Zeit nicht eingehalten wurde, kann ich Nachbesserung oder Schadenersatz verlangen. Um eine Gabe hingegen kann ich nur bitten, ich kann sie nicht einfordern, schon gar nicht für einen bestimmten Zeitpunkt und in einer bestimmten Qualität. Im Kontext des Schenkens, also auch bei ehrenamtlicher (geschenkter) Arbeit, muss deshalb mit Kritik äußerst vorsichtig umgegangen werden.

Beim Tausch muss ich meinen Teil der getroffenen Vereinbarung pünktlich erfüllen, sonst kann ich dazu gezwungen werden. Erst wenn der Vertrag erfüllt ist, bin ich wieder frei, habe keine Schulden mehr. Um einen Akt des Schenkens zu vervollständigen, reicht es hingegen, »**danke**« zu sagen, womit signalisiert wird, dass das Geschenk (als Geschenk) angekommen ist. Versäume ich das oder nehme ich ein Geschenk nicht an, so wirkt sich das zwar oft negativ auf die Beziehung aus, vielleicht werde ich auch keine weiteren Gaben mehr erhalten, aber sonst geschieht mir nichts.

Es gibt oft »Tauschgeschehen« im Bereich von Freundschaften oder persönlichen Beziehungen, die in Wirklichkeit gegenseitiges Schenken sind, zum Beispiel die Hilfe beim Umzug im Austausch gegen eine Essenseinladung. Doch bei einem solchen »Tausch« spielt Gleichwertigkeit kaum eine Rolle, auch kann nicht, wie beim richtigen Tausch, kritisiert und pünktliche Erfüllung eingefordert oder gar eingeklagt werden.

Ohne Gaben, zumindest »Wortgeschenke« oder ein Lächeln, sind gute Beziehungen nicht möglich. Trotzdem habe ich beim Schenken die Freiheit, in jeder Situation neu zu entscheiden, ob ich etwas geben will oder nicht. Die Freiheit des Tauschs hingegen besteht darin, dass ich entscheiden kann, ob, mit wem, was und unter welchen Bedingungen ich tauschen will. Diese Freiheit haben jedoch die meisten Menschen noch nicht, da sie zum Tausch ihrer Arbeitskraft gegen Lebensmittel gezwungen sind. Erst durch ein garantiertes Grundeinkommen hätten alle Menschen die Möglichkeit, die Freiheit, die der Tausch bietet, voll zu nutzen.

Zum Weiterlesen:

Dorothee Markert: Fülle und Freiheit in der »Welt der Gabe«, Rüsselsheim 2006.

Das Unverfügbare

Neugierig und **staunend** entdecken Kinder die **Welt**. Sie fragen ihre Eltern, später die Lehrerinnen, Kollegen, Freundinnen: Was ist das? Warum gibt es dieses und jenes? Wer mit Kindern unterwegs ist, kennt diese Fragen gut: Warum? Wieso?

Die Frage nach dem Warum bewegt Menschen ein Leben lang: Warum gibt es mich, ausgerechnet mich? Woher kommen wir? Wohin gehen wir? Warum geschieht dies und warum nicht etwas anderes? Weshalb bin ich ausgerechnet dir begegnet? Warum hast du mich angesprochen?

In einer von der exakten Wissenschaft geprägten Welt wird für alles ein Grund gesucht. Das Kausalitätsbedürfnis, der Wunsch, die Ursache von allem zu kennen, erscheint manchmal fast zwanghaft.

Es gibt aber nicht für alles einen Grund. Nicht alles lässt sich schlüssig herleiten, kann »ergründet« werden. Es gibt Ereignisse, die geschehen einfach. Sie passieren, sie stoßen den Menschen zu, sie fallen zu. Zufällige Begegnungen zum Beispiel, die niemand herbeigeführt hat, die nicht einmal erahnt werden konnten, die sich einfach ereignen. Sie können das Leben von Menschen verändern, vielleicht in einem einzigen Augenblick. Sie können auch eine unerwartete Wende in der Menschheitsgeschichte herbeiführen.

Es gibt allerdings auch Geschehnisse, bei denen nur behauptet wird, sie seien »unverfügbar«, schicksalhaft, obwohl sie das nicht sind. Die Finanzkrise zum Beispiel, die Klimaveränderung oder der Hunger und die Armut in der Welt. Sie alle sind nicht vom Himmel gefallen, sie sind von Menschen gemacht.

Deshalb brauchen wir immer auch die »Gabe der Unterscheidung«: Was können wir mit unserem Denken und Handeln beeinflussen und verändern? Und was geschieht, ohne dass wir es »gemacht« haben, machen konnten? Was ist wirklich unverfügbar?

Zum Weiterlesen:

Luisa Muraro: Der Gott der Frauen, Berlin 2009.

Antje Schrupp: »Ohne Netz und doppelten Boden: mit (Un)Sicherheit leben«, in: Dies.: Was wäre wenn?, Königstein 2009.

Unvorhersehbares

Menschen setzen von ihrer **Geburt** an, als geburtliche Wesen, **Anfänge** in die Welt, ob sie wollen oder nicht. Weil jede und jeder immer zu anderen in Beziehung steht, die das Angefangene aufgreifen und in eigener Initiative weiterführen, kann niemand kontrollieren, was aus dem Angefangenen wird.

Die vergehende symbolische Ordnung legt nahe, Dinge möglichst nur dann zu tun, wenn man das Ergebnis »im Griff hat«. Aber diese Vorstellung, das menschliche Zusammenleben lasse sich planen und herstellen wie ein Stuhl oder ein Tisch, ist unrealistisch. Zwar kann ich versuchen, der Zukunft durch Versprechen, Verträge, Pläne, Gesetze und andere zwischenmenschliche Absprachen eine gewisse Stabilität zu geben. Zu leben und zu handeln bedeutet dennoch, ständig Risiken einzugehen, sich also auf die Unvorhersehbarkeit des Zukünftigen vertrauensvoll einzulassen.

Dass sich die Zukunft letztlich dem Planen und Herstellen entzieht, ist einerseits der Grund dafür, dass menschliches Dasein immer mit einer gewissen Angst verbunden ist. Andererseits befreit die Einsicht, dass nichts sich wiederholt und niemand weiß, was morgen geschehen wird, auch zum kühnen Handeln: Weil jeder Augenblick eine **Fülle** von **unverfügbaren** Möglichkeiten in sich birgt, kann ich auch ungewöhnliches **Begehren** in die Welt bringen, in der Zuversicht, dass es von anderen aufgegriffen und in Richtung auf das gute Leben weitergeführt wird, das niemand im Griff hat.

Die grundsätzliche Unvorhersehbarkeit des Zukünftigen mahnt andererseits zur Vorsicht im Umgang mit Technologien, deren Folgen nicht einschätzbar sind und weit in die Zukunft reichen, etwa der Atom-, Gen- oder Nanotechnologien.

Zum Weiterlesen:

Hans Jonas: Das Prinzip Verantwortung, Frankfurt am Main 1979.

Ina Praetorius: »All Morgen ist ganz frisch und neu. Die Mystik des Geborenseins«, in: Dies.: Handeln aus der Fülle, Gütersloh 2005.

Sharon D. Welch: A Feminist Ethic of Risk (Revised Edition), Minneapolis 2000.

Verhandeln

Verhandlungen mit anderen sind unerlässlich, um das eigene **Begehren** in die **Welt** zu bringen. Denn die Welt hat auf mein Begehren erst einmal nicht gewartet, ich muss es dort **vermitteln**. Dabei gibt es unweigerlich Hindernisse, Widerstände und **Konflikte**.

Neben der Vermittlung von **Differenzen** ist das Verhandeln eine Möglichkeit, Veränderungen anzustoßen, indem man andere überzeugt, überredet oder eben irgendwie dazu bringt, etwas zu tun.

Dabei stellt sich die Frage danach, was ich selbst bereit bin, im Gegenzug dafür einzubringen, dass das, was ich mir wünsche, Realität wird. Dieser **Tausch** bemisst sich nicht an einem objektiven Äquivalent oder Wert, sondern an der Größe des eigenen Begehrens: Je stärker es ist, desto größer ist auch der »Preis«, den ich bereit bin, dafür zu zahlen. Je größer etwa mein Begehren ist, ein bestimmtes Instrument zu spielen, desto mehr bin ich bereit, dafür zu üben oder auf anderes zu verzichten. Es ist daher vor allem auch wichtig, mit sich selbst zu verhandeln – darüber, wie wichtig das eigene Anliegen ist und wie viel ich bereit bin, dafür einzubringen, um herauszufinden, wie stark der eigene Wunsch ist, etwas zu verändern.

Das heute weithin übliche Verständnis von »Verhandlungen«, vor allem im Bereich der offiziellen Politik, etwa bei Friedensverhandlungen oder internationalen Abkommen, ist stark von den Aspekten des Stärke-Zeigens oder des Gesicht-Wahrens gekennzeichnet. Damit sind die möglichen Optionen aber von vornherein eingeschränkt, und es kann kaum zu überraschenden und **unvorhergesehenen** Wendungen kommen. Entsprechend unbefriedigend sind oft die Ergebnisse, denn sie können sich kaum außerhalb der objektiven Machtverhältnisse bewegen.

Wenn es beim Verhandeln aber nicht um einen direkten Tausch nach objektiven Wertmaßstäben geht, sondern um eine Beziehung zwischen Ungleichen, ist Verhandeln auch möglich, wenn man (nach objektiven Kriterien) »nicht genug zum Tauschen« hat. Verhandeln ist auch möglich aus einer Situation der Ohnmacht heraus.

Zum Weiterlesen:

Diotima: Macht und Politik sind nicht dasselbe, Sulzbach 2012.

Vermitteln

In einer pluralistischen Gesellschaft voller **Differenzen** und **Konflikte** ist es notwendig, das eigene **Begehren**, die eigenen Anliegen und Wünsche, aber auch das eigene Wissen und bereits erreichte Erkenntnisse anderer zu vermitteln. Das bedeutet, sie ihnen verständlich zu machen, dafür zu werben, sie zu erklären und zugänglich zu machen in dem Wissen, dass die anderen anders sind als ich und andere Vorstellungen, Wünsche und Erfahrungshintergründe haben, weil sie aus einer anderen **Matrix** kommen. Dieses ABC zum Beispiel ist ein Versuch, das postpatriarchale Denken in eine Öffentlichkeit hineinzuvermitteln, die aus anderen Denktraditionen kommt und mit anderen Begriffen arbeitet.

Damit eine Vermittlung gelingt, reicht es nicht, gute Argumente zu haben oder gar die eigenen Standpunkte nach objektiven Kriterien »beweisen« zu können. Sondern ich muss eine Brücke finden zwischen meinen eigenen Perspektiven und Anliegen und der Lebenswelt und dem Begehren der anderen. Das gelingt nur, wenn ich mich auf einen wirklichen Dialog einlasse, wenn ich mich also für die Argumente der anderen öffne und dabei auch die eigenen Gewissheiten aufs Spiel setze. Ein solcher Dialog – im Sinne eines **intervitalen Gespräches** – hat immer einen offenen, **unvorhersehbaren** Ausgang. Ich gehe dabei das Risiko ein, dass am Ende ich diejenige bin, die ihre Meinung geändert hat.

Oft ist in einer konkreten Situation die Versuchung groß, entweder »um des lieben Friedens willen« Differenzen unter den Teppich zu kehren oder aber die eigene Position so »unvermittelt« zu vertreten, dass die Beziehung darüber in die Brüche geht. Vermittlung bedeutet hingegen, den oder die andere im Gespräch so weit wie möglich herauszufordern, ohne jedoch die Beziehung als solche in Abrede zu stellen oder unmöglich zu machen.

Die Suche nach Vermittlungen ist eine Alternative dazu, sich zur Durchsetzung eigener Anliegen auf einen »neutralen Schiedsrichter« (wie etwa Gerichte) oder eine »höhere Instanz« (Gott, Vernunft, historischer Materialismus) zu berufen. Sie ist eine politische **Praxis**, die schwieriger und langwieriger ist als Veränderungen, die mit Hilfe von Macht durchgesetzt wurden (und manchmal auch erfolglos), aber wenn sie gelingt, ist das Ergebnis nachhaltiger.

Zum Weiterlesen:

Antje Schrupp: Wie man radikal ist (http://antjeschrupp.com/2011/03/09/wie-man-radikal-ist/).

Luisa Muraro: Endstation Modernität (2005) (http://www.antjeschrupp.de/muraro-endstadtion-modernitaet).

Luisa Muraro: »Einführung einer Idee«, in: Diotima: Macht und Politik sind nicht dasselbe, Sulzbach 2012.

Von sich selbst ausgehen

»Von sich selbst ausgehen« ist entstanden als Praxis innerhalb der Frauenbewegung. Die **Praxis**, von sich selbst auszugehen, stellt das »Allgemeine«, »Übergeordnete«, »Neutrale« in Frage, wonach sich Konkretes und Lebendiges einer Theorie beugen soll. Weder kann ich in der Wirklichkeit »von den anderen« ausgehen, zum Beispiel indem ich ihnen gleichartige Interessen, Sichtweisen oder gleichartiges Sein überstülpe, noch wird mein Handeln einer konkreten Situation gerecht, wenn ich auf sie eine Theorie »anwende«.

Von sich selbst auszugehen bedeutet, das eigene Erleben, die eigenen Erfahrungen und das, was mich antreibt, ernst zu nehmen und dem Vorrang zu geben. Dieses Vorgehen ist individuell, aber nicht individualistisch. Denn zwangsläufig treffe ich beim Handeln auf andere, die mir die Welt und den Widerstand der Realität **vermitteln**, und mit denen ich **verhandeln** muss. Außerdem ist jeder Mensch Teil der Realität und trägt sie in sich. Verändert sich jemand, so verändert sich auch die Realität.

»… und sich nicht finden lassen« hat die italienische Philosophin Luisa Muraro dem Von-sich-selbst-Ausgehen hinzugefügt. Sich nicht finden lassen, bedeutet, den Absprung aus der Sicherheit einer Identität zu wagen. Wenn die **Bezogenheit** zu anderen mein Boden wird, muss ich nicht an einer gleichbleibenden Identität festhalten.

Zum Weiterlesen:

Libreria delle donne di Milano: Wie weibliche Freiheit entsteht, Berlin 1988.

Luisa Muraro: »Von sich selbst ausgehen und sich nicht finden lassen«, in: Diotima: Jenseits der Gleichheit, Königstein 1999.

Welt

Wenn eine Frau ein Kind **geboren** hat, sagen wir auch: Sie hat ein Kind zur Welt gebracht. Ein Kind kommt in die Welt und taucht damit in jenes Bezugsgewebe ein, das Menschen in ihrer Verschiedenheit zusammenhält und das von ihnen, abhängig von Zeit und Raum, mit ihrem Tun und Lassen gestaltet wird.

Alle Menschen kommen aus dem Mutterleib in die Welt, die wir als zweite **Matrix** verstehen, und sind darauf angewiesen, dort sorgende Personen und Gemeinschaften, geistige und körperliche Nahrung sowie jenen Schutz und die Geborgenheit vorzufinden, die sie für ein gutes Leben brauchen.

Die Welt ist ständig in Bewegung und bietet Menschen dennoch dauerhafte Behausung und **Zugehörigkeit**. Sie bildet den Rahmen für ihr Sein und Tun und eröffnet vielfache Bezugsmöglichkeiten zu anderen Menschen wie auch zu anderen Lebewesen und Dingen. Als gestaltbares Beziehungsgefüge bildet die Welt den Mittelpunkt der Politik, die wir als die Gestaltung unseres Zusammenlebens als Verschiedene verstehen. Dazu gehört auch die umfassende Sorge für die Welt (**Care**) und der Einsatz für Veränderungen, die im Sinne der Realisierung eines guten Lebens aller notwendig sind.

In einer Zeit, in der komplexe globale Zusammenhänge vielerorts zu nationalistischen und chauvinistischen Reaktionen führen, beharren Menschen, die sich auf die (ganze) Welt beziehen, auf ihrer Einsicht und ihrer Erfahrung der **Bezogenheit** von allem mit allem. Sie drücken damit aus, dass sie lokale und globale Entwicklungen in kluger Abstimmung und durch **Verhandlungen** mit Menschen an anderen **Orten** positiv vorantreiben möchten. Sie zeigen, dass sie sich der vielfältigen Probleme und des Leidens in der Welt bewusst sind und trotzdem an Veränderungsmöglichkeiten – im Sinne des immer wieder neu **Anfangens** – glauben. Das bestätigen die zahlreichen Aktivitäten einzelner Menschen und globaler sozialer Bewegungen, die unter dem Slogan »Eine andere Welt ist möglich« sowohl konkrete Probleme aufzeigen und reflektieren als auch Visionen und Wege zu einem guten Leben aller entwerfen.

Beim Nachdenken darüber, welches Denken und welches Tun die Welt heute nötig hat, hat sich seit den 1990er-Jahren für einige Frauen das Bild des **Haushalts** und die damit verbundenen positiven und negativen Erfahrungen als produktives Modell für die Konzeption des Ganzen erwiesen. Welt gestaltendes Engagement wird dabei mit den Tätigkeiten einer (Welt-)Hausfrau verglichen, der es gelingt, die Sorge um das Wohlergehen einzelner Menschen in ihrer Verschiedenheit mit der Perspektive auf das große Ganze zu verbinden.

Im Engagement und in der Sorge für eine (andere) Welt verbindet sich die Liebe der Frauen zur **Freiheit** mit ihrer Liebe zur Welt. **Bezogenheit** wird zur politischen Kraft, die die Welt immer wieder neu hervorzubringen vermag.

Zum Weiterlesen:

Hannah Arendt: Vita activa oder Vom tätigen Leben, München und Zürich 1998 (Erstausgabe 1958).

Andrea Günter: Weltliebe. Gebürtigkeit, Geschlechterdifferenz und Metaphysik, Königstein 2003.

Ina Praetorius: Die Welt: Ein Haushalt, Mainz 2002.

Diotima u.a.: Die Welt zur Welt bringen, Königstein 1999.

Wirtinschaft

Das Wort »Wirtinschaft« erinnert daran, dass auch die Wirtschaft sich ursprünglich an der Tätigkeit realer Wirte in wirklichen Gasthäusern orientiert hat. Was tut eine Wirtin? Sie sorgt für das Wohlergehen derer, die bei ihr einkehren. Sie bereitet **Essen** zu und richtet es als **genüssliche**, **schöne** Mahlzeit an, sie hört zu, führt **intervitale Gespräche** und **Verhandlungen**. Sie gibt Ratschläge, sie bezieht Betten, **räumt** Zimmer **auf** und erzeugt Wohnlichkeit, sie verdient – in Geldwirtschaften – mit ihrer Tätigkeit Geld, führt eine Buchhaltung, empfängt und verabschiedet Menschen, öffnet Türen für Fremde, spendet Schutz … Sie entscheidet täglich neu, was hier und jetzt **notwendig** ist.

Wir halten Wirtinschaft für ein inspirierendes Handlungsmodell. Menschen, die in den lebensfeindlichen Strukturen der profitorientierten Marktwirtschaft die Orientierung verloren haben, können sich an ihr neu ausrichten: Wenn sieben Milliarden Erdenbürgerinnen und **Würdeträger** auf ihre je einzigartige Weise wirtinschaftlich tätig werden, dann nähren sie das gute Zusammenleben, ohne sich dabei auf eine einzig richtige Methode der »Ökonomie« festlegen zu lassen.

Dass es, wie die Verfechter der Marktwirtschaft nahelegen, einen jederzeit und überall anwendbaren Mechanismus der Bedürfnisbefriedigung gibt, ist eine Vereinfachung, die der Vielfalt wirtinschaftlicher Handlungsmöglichkeiten nicht gerecht wird. Demgegenüber kann das Modell der Wirtin, die **geistesgegenwärtig** immer neue Notwendigkeiten erkennt und ihre unverwechselbaren Fähigkeiten einsetzt, um situationsgerecht tätig zu werden, Frauen, Männer und Kinder dazu inspirieren, schöpferisch zu nähren, was sie nährt: das Bezugsgewebe menschlicher Angelegenheiten, die **Matrix** Welt.

Zum Weiterlesen:

Ina Praetorius: »Die Wirtinschaft Gottes«, in: Kirchlicher Herausgeberkreis Jahrbuch Gerechtigkeit: Armes reiches Deutschland. Jahrbuch Gerechtigkeit I, Frankfurt am Main 2005.

Antje Schrupp: »Die Wirtin – Sozialgefüge der Geburt«, in: Andrea Günter (Hg.in): Maria liest – Das heilige Fest der Geburt, Rüsselsheim 2004.

WürdeträgerIn

Alle Menschen sind Würdeträger, Würdeträgerinnen. Nicht nur hervorgehobene Persönlichkeiten, nein, alle sieben Milliarden Menschen, die in all ihrer Verschiedenheit und mit vielfältigen Fähigkeiten auf diesem Planeten leben, tragen Würde. Eine Würde, die als inhärent, also als jedem Menschen innewohnend, untrennbar zu ihm oder ihr gehörend, zu verstehen ist.

Jedes menschliche Wesen wurde mit Würde geschaffen, unabhängig vom (scheinbaren) Wert, den er oder sie für eine Gemeinschaft oder für politische oder religiöse Institutionen hat, unabhängig von der Leistung, vom Wert für den Arbeitsmarkt oder für das Beziehungsgefüge und von jeglichem weiteren Wertesystem, das eine Gesellschaft nutzen mag, um Hierarchien zwischen Menschen zu bestimmen. Denn alle Menschen sind Personen, die um ihrer selbst willen und ohne äußeren Zweck auf dieser Welt sind. Sie alle sind einzigartig und durch niemand anderen ersetzbar.

Aus dieser inhärenten Würde leiten sich Rechte, Menschenrechte, ab, die der Förderung des guten Lebens aller dienen sollen. Die inhärente Würde aller Menschen bildet also die Grundlage für den Diskurs der allgemeinen Menschenrechte. Dies wird auch in der Tatsache deutlich, dass der Verweis auf Menschenwürde sowohl in der Präambel der *Allgemeinen Erklärung der Menschenrechte* als auch im ersten Artikel des deutschen Grundgesetzes zu finden ist.

Doch auch wenn Würde allen Menschen innewohnt, so ist es doch notwendig, diese in wechselseitiger **Praxis** immer wieder zu bestätigen: Wir müssen einander auch tatsächlich als Würdeträgerinnen und Würdeträger anerkennen. Der Ausdruck »sieben Milliarden Würdeträgerinnen und Würdeträger« kann dabei hilfreich sein. Er ist insofern explosiv, als er das übliche Wertesystem (wonach »Würdeträger« zu sein, eine besondere Auszeichnung ist, die aus der Masse der Mitmenschen heraushebt) auf den Kopf stellt, indem das Attribut, »Würdeträgerin« zu sein, auf alle Menschen übertragen wird. Damit wird deutlich gemacht, dass jeder Person mit Respekt zu begegnen ist und dass alle Menschen die gleiche Ehrfurcht verdienen, die einer Königin oder einem König entgegengebracht wird – was mit **Staunen** und dem Respektieren persönlicher Grenzen einhergeht.

Sich selbst als Würdeträgerin zu verstehen, kann Menschen ermächtigen. Es ermöglicht, dass wir uns das abstrakte Konzept menschlicher Würde auch wirklich aneignen und uns selbst als Würdeträgerin verstehen, also als eine, die um ihrer selbst willen in der Welt ist – und somit frei, dem eigenen **Begehren** zu folgen und souverän Entscheidungen zu treffen.

Von Menschen als Würdeträgern zu sprechen, geht mit einem großen ethischen Anspruch einher. Es bedeutet, dass das gute Leben allen zusteht: ausreichendes **Essen** und Trinken, ein sicherer Ort, der Schutz vor den Elementen bietet, ein Grundeinkommen, Schutz vor Gewalt, Respekt für die Integrität des Körpers, Sorge und Aufmerksamkeit, wenn diese gebraucht werden, und noch viel mehr.

Neben diesen Grundvoraussetzungen für gutes Leben bedeutet Würdeträgerin zu sein (oder zu werden) auch, dass alle Menschen ihre eigenen Fähigkeiten realisieren können, dass sie sich zu denjenigen entwickeln können, die sie sein können und sollen – Menschen mit Würde, die Respekt und Bewunderung verdienen.

Zum Weiterlesen:

Ina Praetorius: »Die Würde der Kreatur. Ein Kommentar zu einem neuen Grundwert«, in:
Dies.: Zum Ende des Patriarchats, Ostfildern 2000.

Zugehörigkeit

Alle Menschen gehören zu bestimmten Gruppierungen oder Gemeinschaften: zu einer Familie oder einer Wohngemeinschaft, zu den Frauen oder den Männern, zu Kindergartengruppen oder Schulklassen, zu Freundeskreisen, zu einer Sprach- und Kulturgemeinschaft, zu einer politischen Gruppe, lokal, regional und staatlich, zu einer Religion, zu Freizeit- und Sportgruppen, zu einem Arbeitsteam oder einem

Betrieb, zu einer Nachbarschaft oder Hausgemeinschaft, zu einer Minderheitengruppe und zu vielem mehr.

Zugehörigkeit ist etwas anderes als Mitgliedschaft: Während die Mitgliedschaft, etwa in einem Verein oder in einer Partei, durch einen Vertrag zustande kommt, bei dem das künftige Mitglied den entsprechenden Programmen oder Satzungen zustimmt, ergibt sich Zugehörigkeit aufgrund einer gemeinsamen Beziehungsgeschichte, die auch bereits von vorhergehenden Generationen gestiftet sein kann (vgl. **Matrix**).

Die Tatsache der Zugehörigkeit genügt jedoch nicht, um sich zugehörig zu fühlen. Dafür ist das **Ja-Sagen** zur gemeinsamen Beziehungsgeschichte notwendig, das durch Sprechen und Handeln zum Ausdruck gebracht wird. Beim gemeinsamen Handeln erfahren Menschen Zugehörigkeit am intensivsten, beispielsweise beim gemeinsamen Spielen, Tanzen, Demonstrieren oder beim gemeinsamen Schreiben eines Textes.

Manche Menschen klagen darüber, dass sie sich in einer Gemeinschaft einsam und ungeliebt fühlen, und übersehen, dass sie sich vielleicht selbst durch demonstrativen Rückzug ausgeschlossen haben. In manchen Gemeinschaften wird einzelnen Menschen die Zugehörigkeit abgesprochen, sie werden ausgegrenzt, »gemobbt«. Die faktische Zugehörigkeit muss also nicht nur von einem selbst, sondern auch von anderen bestätigt werden, um sich zugehörig fühlen zu können.

Zugehörigkeit wird als dauerhafter und stabiler erlebt, wenn Menschen sich aneinander binden und gute Beziehungen zueinander haben. Weil sie auf einer Beziehungsgeschichte gründet, ermöglicht Zugehörigkeit auch, dass **Differenzen** wahrgenommen und **Konflikte** ausgetragen werden, denn das Gemeinsame ist nicht an die tatsächliche Übereinstimmung in Bezug auf Dogmen, Inhalte und Programme gebunden. Eine stabile Zugehörigkeit kann nicht so leicht verloren gehen, zum Beispiel wegen eines einzigen Streites. Auch das sprichwörtliche »schwarze Schaf« gehört immer noch zur Familie.

Das Internet erleichtert die Bestätigung von Zugehörigkeit auch über weite Entfernungen hinweg. Vor allem die sozialen Netzwerke sind hierfür hilfreich, oft genügt ein Drücken des »Gefällt mir«-Buttons, um einem Menschen das Gefühl von Zugehörigkeit zu geben. Gerade wenn Menschen aus Gemeinschaften herausgefallen sind, durch Pensionierung, Arbeitslosigkeit, Ortswechsel oder durch Krankheiten und Unglücksfälle, können sie durch das Erfahren von Zugehörigkeit via Internet wieder Anschluss an Gemeinschaften finden.

Die Sehnsucht nach Zugehörigkeit kann jedoch auch dazu führen, dass Menschen sich Gruppierungen anschließen, die ein Gefühl der Zusammengehörigkeit daraus gewinnen, dass sie andere Menschen abwerten, sie ausgrenzen oder gar aggressiv gegen sie vorgehen, bis hin zu Gewaltexzessen. In solchen Kontexten, aber manchmal auch in Arbeitszusammenhängen, in religiösen oder politischen Gruppen, führt der starke Wunsch nach Zugehörigkeit dazu, dass Menschen sich selbst und anderen Schaden zufügen, indem sie aus Angst vor dem Verlust von Zugehörigkeit gegen ihre eigenen Interessen und Überzeugungen handeln. Das ist aber ein Zeichen dafür, dass die Zugehörigkeit eigentlich nur vorgetäuscht oder fantasiert wird und keine reale Basis in den konkreten Beziehungen hat.

Glücklicherweise kann das Bedürfnis nach Zugehörigkeit Menschen aber auch dazu bringen, sich Gruppen anzuschließen und sich in ihnen zu engagieren, die sich für ein gutes Leben aller einsetzen. Zugehörigkeit kann die Fähigkeit zu widerständigem Handeln stärken und ist insofern ein wichtiger Faktor beim Engagement für ein gutes Leben aller.

Zum Weiterlesen:

Antje Schrupp: Zugehörigkeit, Freiheit und die Liebe zu Gott und den Menschen (2012)
(www.antjeschrupp.de/zugehoerigkeit-freiheit-und-die-liebe-zu-gott-und-den-menschen).

von links nach rechts: Michaela Moser, Antje Schrupp, Ina Praetorius, Andrea Trenkwalder-Egger, Ursula Knecht, Cornelia Roth, Caroline Krüger, Dorothee Markert, Anne-Claire Mulder. Foto: Ute Knüfer.

Zu den Autorinnen

Ursula Knecht ist Tochter, Schwester, Mutter, Großmutter und Kulturvermittlerin, hat Theologie studiert und ist seit 1991 auf dem Labyrinthplatz Zürich tätig.

Dr. Caroline Krüger ist Philosophin und interessiert sich besonders für alle Formen von Gesprächen. Sie lebt mit ihrem vierzehnjährigen Sohn in Zürich.

Dr. Dorothee Markert ist freie Autorin, Philosophin und Lerntherapeutin. Sie lebt in der Nähe von Freiburg im Breisgau. (www.dorotheemarkert.de)

Dr. Michaela Moser ist Theologin, Philosophin und PR-Beraterin. Sie lebt in Wien und ist dort und an anderen Orten vor allem mit der Analyse, Vermittlung und der Lösung sozialer Fragen beschäftigt. Seit vielen Jahren engagiert sie sich in sozialen Organisationen und Armutsnetzwerken.

Dr. Anne-Claire Mulder ist Theologin und das niederländische Mitglied der Gruppe. Sie lebt in Utrecht und arbeitet an der Protestantischen Theologischen Universität in Groningen.

Dr. Ina Praetorius ist Germanistin und evangelische Theologin. Sie lebt als freie Hausfrau, Autorin und Referentin in Wattwil im Toggenburg. (www.inapraetorius.ch)

Cornelia Roth ist Psychologin und Atemtherapeutin mit eigener Praxis. Sie lebt in München, ist dort im Vorstand des Vereins Frauenstudien und interessiert sich besonders für den Zusammenhang zwischen Spiritualität und gutem Leben.

Dr. Antje Schrupp ist Journalistin und Politikwissenschaftlerin und lebt in Frankfurt am Main. Sie beschäftigt sich vor allem mit der politischen Ideengeschichte von Frauen. (www.antjeschrupp.de)

Mag. Andrea Trenkwalder-Egger ist Sozialarbeiterin und Erziehungswissenschaftlerin. Sie lebt in Innsbruck und arbeitet als Lektorin am Studiengang Soziale Arbeit im MCI Management Center Innsbruck.

Herzlichen Dank an Juliane Brumberg, Thomas Gröbly, Rainhild Traitler und Eli Wolf für ihre Vorablektüre des ABCs und ihre zahlreichen Anmerkungen, Vorschläge und Nachfragen.

Andrea Günter: *Frauen_{vor}Bilder – FrauenVorbilder.* Die weibliche Suche nach Orientierung, ISBN 978-3-922499-65-7

Andrea Günter: *Mutter – Sprache – Autorität.* Sprechenlernen und Weltkompetenz, ISBN 978-3-939623-14-4

Andrea Günter: *Vätern einen Platz geben.* Aufgabe für Frauen und Männer, ISBN 978-3-939623-01-4

Luisa Muraro: *Stärke und Gewalt,* ISBN 978-3-939623-48-9

Luce Irigaray: *Die Zeit des Atems,* ISBN 978-3-922499-40-4

Luce Irigaray: *Zu zweit, wie viele Augen haben wir?*
ISBN 978-3-922499-51-0

Weitere Titel aus unserem Verlag

Luce Irigaray: *Der Atem von Frauen,* ISBN 978-3-922499-30-5

Luisa Muraro: *Nicht alles lässt sich lehren,* ISBN 978-3-939623-57-1

Luisa Muraro: *Die symbolische Ordnung der Mutter,* erw. Neuausgabe
ISBN 978-3-922499-79-4

Luisa Muraro: *Die Menge im Herzen,* ISBN 978-3-922499-53-4

Libreria delle donne di Milano: *Das Patriarchat ist zu Ende.* Es ist
passiert – nicht aus Zufall, ISBN 978-3-922499-28-2 (Rotes Sottosopra)

Gisela Jürgens, Angelika Dickmann: *frauen-lehren*
ISBN 978-3-922499-25-1 (mit Grünem Sottosopra)

Chiara Zamboni: *Denken in Präsenz.* Gespräche, Orte, Improvisationen
ISBN 978-3-939623-45-8

Chiara Zamboni: *unverbrauchte worte.* Frauen und Männer in der
Sprache, ISBN 978-3-922499-73-2

Dorothee Markert: *Wachsen am Mehr anderer Frauen.* Vorträge über
Begehren, Dankbarkeit und Politik, ISBN 978-3-939623-13-7

A. Barmettler, U. Knecht, C. Krüger u.a.: *Erzähl mir Labyrinth.*
Frauenkultur im öffentlichen Raum. 20 Jahre Labyrinthplatz Zürich
ISBN 978-3-939623-33-5

Andrea Günter (Hg.in): *maria liest – das heilige fest der geburt*
ISBN 978-3-922499-70-1

Hanna Strack: *Die Frau ist Mit-Schöpferin.* Eine Theologie der Geburt
ISBN 978-3-922499-85-5

Eveline Ratzel: *The BiG SiN – Die Lust zum Sündigen.* Mary Daly und ihr
Werk, ISBN 978-3-939623-32-8

Marit Rullmann (Hg.in): *Sophias Weisheiten,* ISBN 978-3-922499-74-9

Heide Göttner-Abendroth, Marit Rullmann, Annegret Stopczyk:
Was Philosophinnen über die Göttin denken, ISBN 978-3-939623-00-7

Ulrike Pittner, Ursa Krattiger: *AVE DEA.* 13 Göttinnen der griechisch-
römischen Mythologie neu begegnen. Mit didaktischen Materialien
ISBN 978-3-939623- 58-8

Mehr Informationen zum Verlagsprogramm, den Büchern und den
Autorinnen finden Sie unter: www.christel-goettert-verlag.de